体育运动

# 越野滑雪 自由式滑雪
YUEYE HUAXUE　ZIYOUSHI HUAXUE

主编　宛祝平　杨雨龙
　　　南　征　刘　璐

走进**大自然**
走到阳光下
养成**体育锻炼**好习惯

吉林出版集团股份有限公司　全国百佳图书出版单位

图书在版编目(CIP)数据

越野滑雪　自由式滑雪 / 宛祝平等主编.—长春：吉林出版集团股份有限公司, 2011.6（2024.1 重印）
ISBN 978-7-5463-5713-3

Ⅰ.①越… Ⅱ.①宛… Ⅲ.①越野滑雪—青年读物②花样滑雪—青年读物 Ⅳ.①G863.1-49

中国版本图书馆 CIP 数据核字（2011）第 117607 号

## 越野滑雪　自由式滑雪

主　　编　宛祝平　杨雨龙　南征　刘璐
责任编辑　李婷婷
出版发行　吉林出版集团股份有限公司
印　　刷　三河市同力彩印有限公司
版　　次　2011 年 7 月第 1 版　2024 年 1 月第 9 次印刷
开　　本　787mm×1092mm　1/16　印张　10　字数　100 千
地　　址　吉林省长春市福祉大路 5788 号　邮编 130000
电　　话　0431-81629968
电子邮箱　11915286@qq.com
书　　号　ISBN 978-7-5463-5713-3
定　　价　45.80 元

版权所有　翻印必究
如有印装质量问题，请寄本社退换

## 《体育运动》编委会

| 主　任 | 宛祝平 | | | | |
|---|---|---|---|---|---|
| 编　委 | 支二林 | 方志军 | 王宇峰 | 王晓磊 | 冯晓杰 |
| | 田云平 | 兴树森 | 刘云发 | 刘延军 | 孙建华 |
| | 曲跃年 | 吴海宽 | 张　强 | 张少伟 | 张铁民 |
| | 李　刚 | 李伟亮 | 李志坚 | 杨雨龙 | 杨柏林 |
| | 苏晓明 | 邹　宁 | 陈　刚 | 岳　言 | 郑风家 |
| | 宫本庄 | 赵权忠 | 赵利明 | 赵锦锦 | 潘永兴 |

# 目录 CONTENTS

### 越野滑雪

**第一章 运动保护**
    第一节 生理卫生 .......................... 2
    第二节 运动前准备 ........................ 3
    第三节 运动后放松 ........................ 10
    第四节 恢复养护 .......................... 12

**第二章 越野滑雪概述**
    第一节 起源与发展 ........................ 14
    第二节 特点与价值 ........................ 15

**第三章 越野滑雪场地、器材和装备**
    第一节 场地 .............................. 20
    第二节 器材 .............................. 22
    第三节 装备 .............................. 27

**第四章 越野滑雪基本技术**
    第一节 基本术语 .......................... 32
    第二节 滑雪板板型 ........................ 39
    第三节 预备动作 .......................... 41
    第四节 移动动作 .......................... 46
    第五节 基本滑行动作 ...................... 47
    第六节 登坡滑行技术 ...................... 56

# 目录 CONTENTS

  第七节 下坡滑行技术..................61
  第八节 自由式平地滑行................68
第五章 越野滑雪比赛规则
  第一节 程序..........................76
  第二节 裁判..........................81

## 自由式滑雪

第六章 自由式滑雪概述
  第一节 起源与发展....................86
  第二节 特点与价值....................87
第七章 自由式滑雪场地、器材和装备
  第一节 场地..........................92
  第二节 器材..........................94
  第三节 装备.........................100
第八章 自由式滑雪基本技术
  第一节 动作术语.....................106
  第二节 基本动作.....................112
  第三节 滑降技术.....................120
  第四节 转弯技术.....................132
  第五节 空中技巧.....................139

# 目录 CONTENTS

第六节 训练方法.......................146
**第九章 自由式滑雪比赛规则**
第一节 程序............................150
第二节 裁判............................151

# 越野滑雪

## 第一章 运动保护

"生命在于运动",但是盲目、不科学的运动非但不能起到强身健体的作用,反而会给身体带来一定的伤害。只有掌握体育锻炼的一般性生理卫生知识,科学地进行体育锻炼,才能起到健身强体的作用。

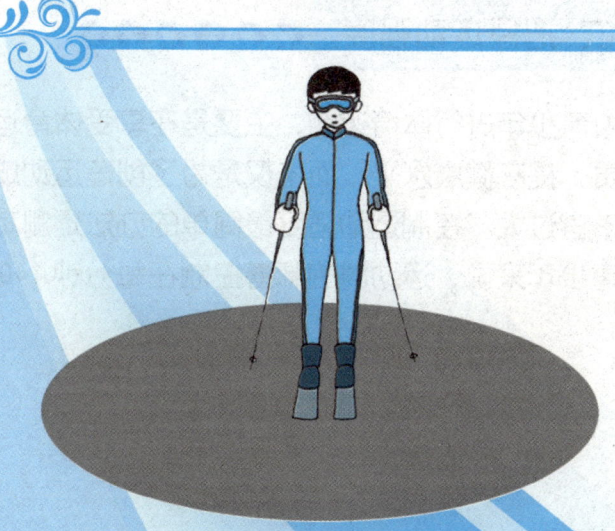

## 第一节 生理卫生

青少年在进行体育运动时，除了应进行一般性的身体检查和必要的咨询外，还要注意培养运动兴趣和把握适当的运动强度。

###  一、培养运动兴趣

在进行体育运动前，必须培养自己对体育运动的兴趣。培养对体育运动的兴趣方法有很多，如观看体育比赛，与同学、朋友进行体育比赛等。有了浓厚的兴趣，就能自觉地投入体育运动之中，从而达到理想的体育锻炼效果。

###  二、把握运动强度

因为青少年进行体育运动，主要是在享受体育运动的过程中增强体质，提高健康水平，而不仅是为了创造运动成绩，所以运动强度不宜过大。控制运动强度最简单的办法是测定运动时的脉搏。对青少年来说，运动时的脉搏控制在每分钟140次左右较为合适。

## 第二节 运动前准备

运动前进行充分的准备活动,对于青少年来说是非常重要的。一些青少年体育运动爱好者,常常不重视运动前的准备活动,导致各种运动损伤,影响运动效果,也容易失去对体育运动的兴趣,甚至造成对体育运动的畏惧。因此,青少年在进行体育运动前,必须做好充分的准备活动。

 **一、准备活动的作用**

运动前做好充分的准备活动能对肌肉、内脏器官起很大的保护作用,同时还可以提前调节运动时的心理状态。

### (一)提高肌肉温度,预防运动损伤

运动前进行一定强度的准备活动,不仅可以使肌肉内的代谢过程加强,温度增高,血液黏滞性下降,提高肌肉的收缩和舒张速度,增强肌力,同时还可以增加肌肉、韧带的弹性和伸展性,减少由于肌肉剧烈收缩而造成的运动损伤。

## (二)提高内脏器官的功能水平

内脏器官的功能特点之一就是生理惰性较大,即当活动开始、肌肉发挥最大功能水平时,内脏器官并不能立刻进入最佳活动状态。而充分的准备活动可以帮助内脏器官得到"热身",从而起到较好的调节和保护的作用。

## (三)调节心理状态

青少年进行体育锻炼不仅是身体活动,同时也是心理活动。研究证明,心理活动在体育锻炼中起着非常重要的作用。体育锻炼前的准备活动,可以起到心理调节的作用,即接通各运动中枢间的神经联系,使大脑皮层处于最佳兴奋状态。

## 二、如何进行准备活动

一般来说,准备活动应主要考虑内容、时间和运动量等问题。

### (一)内容

准备活动可分为一般准备活动和专项准备活动。一般准备活动主要是一些全身性的身体练习,如跑步、踢腿、弯腰等。一般准备活动的作用在于提高整体的代谢水平和大脑皮层的兴奋状态，减少运动损伤的发生。专项准备活动是指与所从事的体育锻炼内容相适应的动作练习。

下面介绍一套一般准备活动操，供青少年运动前使用。这套活动操主要包括头部运动、肩部运动、扩胸运动、体侧运动、体转运动、髋部运动和踢腿运动等。

1. 头部运动

头部运动的动作方法（见图1-2-1）是：

两手叉腰，两脚左右开立，做头部向前、向后、向左、向右，以及绕环运动。

2. 肩部运动

肩部运动的动作方法（见图1-2-2）是：

手扶肩部，屈臂向前、向后绕环，以及直臂绕环。

3. 扩胸运动

扩胸运动的动作方法（见图1-2-3）是：

屈臂向后振动及直臂向后振动。

4. 体侧运动

体侧运动的动作方法（见图1-2-4）是：

两脚左右开立，一手叉腰，另一臂上举，并随上体向对侧振动。

5. 体转运动

体转运动的动作方法（见图1-2-5）是：

两脚左右开立，两臂体前屈，身体向左、向右有节奏地扭转。

6. 髋部运动

髋部运动的动作方法（见图1-2-6）是：

两脚左右开立，两手叉腰，髋关节放松，做向左、向右360°旋转。

7. 踢腿运动

踢腿运动的动作方法（见图1-2-7）是：

两臂上举后振，同时一腿向后半步，然后两臂下摆后振，同时向前上方踢腿。

图1-2-1

 YUNDONG BAOHU

图 1-2-2

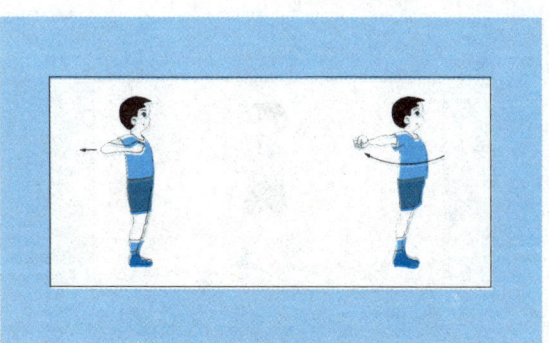

图 1-2-3

图 1-2-4

图 1-2-5

YUNDONG BAOHU

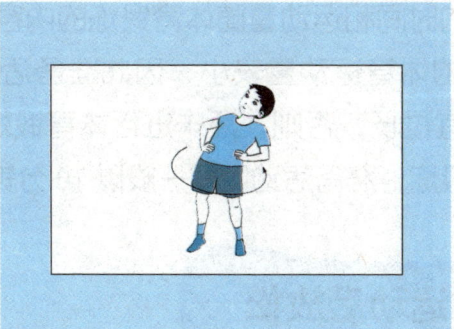

图 1-2-6

图 1-2-7

## (二)时间和运动量

准备活动的时间和运动量随体育锻炼的内容和量而定。由于以健身为目的的体育运动量较小,因此准备活动的量也相对较小,时间也不宜过长,否则,还未进行体育锻炼身体就疲劳了。半小时的体育锻炼,准备活动时间一般以 10 分钟左右为宜。

# 第三节 运动后放松

进行剧烈的体育运动后,有些青少年习惯坐在地上,或是直接躺下来休息,认为这样可以快速消除疲劳。其实不然,这样做的结果不仅不能尽快地恢复身体功能,反而会对身体产生不良影响,正确的做法应该是运动后做一些整理活动,放松身体。

 一、运动后整理活动的必要性

运动后的整理活动不但可以避免头晕等症状,还可以有效地消除疲劳。

## (一)避免头晕

人体在停止运动后,如果停下来不动,或是坐下来休息,静脉血管失去了骨骼肌的节律性收缩,血液会受重力作用滞留在下肢静脉血管中，导致回心血量减少，心血输出量下降，造成暂时性脑缺血，出现头晕、眼前发黑等一系列症状，严重者甚至会出现休克。为了避免这些症状的发生，整理活动是非常必要的。

## （二）消除疲劳

除了避免头晕等症状的发生，运动后的整理活动还可以改善血液循环状态，达到快速消除疲劳的目的。

 二、放松方法

在运动后放松时，应注意以下几个问题：

（1）做一些放松跑、放松走等形式的下肢运动，促进下肢静脉血的回流，防止体育锻炼后心血输出量的过度下降；

（2）在下肢活动后进行上肢整理活动，在右臂活动后做左臂的整理活动，通过这种积极性休息，使身体功能得到尽快恢复；

（3）整理活动的量不要过大，否则整理活动又会引起新的疲劳；

（4）在进行整理活动时，应当保持心情舒畅、精神愉快。

## 第四节 恢复养护

人体在运动后,除采用休息和积极性体育手段加速身体功能的恢复外,还可以根据体育运动的特点,补充不同的营养物质,以尽快消除疲劳。

体育运动结束后,人体内会产生一种叫作乳酸的酸性物质。它的积累会造成肌体的疲劳,使恢复时间延长。所以,我们在体育运动后,应多补充一些碱性食物,如蔬菜、水果等,而动物性蛋白等肉类食品偏"酸",在运动后的当天可适当减少摄入。

## 第二章 越野滑雪概述

越野滑雪起源于北欧,所以也称北欧滑雪,是冬奥会正式比赛项目。

## 第一节 起源与发展

滑雪起源于北欧的挪威,是一项既浪漫又刺激的体育运动。早在几千年前,当人们的生产条件还很落后的时候,人类为了在恶劣的自然环境中生存,发明了可以代替行走的滑雪板。它的应用使得人们可以在浩瀚的雪原上任意驰骋、追寻猎物。

 **一、起源**

越野滑雪是滑雪运动中形成最早的项目,它来源于人类生存和与自然斗争的需要,其起源往往同滑雪运动联系在一起。在人类生活早期,越野滑雪即被作为一种代步和狩猎的手段。到了中世纪,越野滑雪逐渐被运用于军事。

随着时代的发展,越野滑雪的实用价值已逐渐降低,但由于它更贴近自然、贴近生活,因而被人们广泛接受,演变成了现代的竞技运动和旅游项目。

在国外,每当进入冬季,各种雪上运动赛事不断,人们可以经常欣赏到滑雪运动员在高山丛林间穿梭跳跃的英姿,大饱眼福。

在欧洲及北美洲的许多国家,越野滑雪已被很多人接受,成为一种休闲运动。

 **二、发展**

越野滑雪是最早被列入冬奥会的雪上项目之一。最初只设立了

男子18千米(1952年改为15千米)和50千米两个项目,到2002年冬奥会上增加到12个项目,成为目前冬奥会设立金牌最多的项目。女子越野滑雪直到1952年才被列入冬奥会项目,最初只设10千米一个项目。

相对于其他雪上项目来说,开展越野滑雪的国家和地区不是很多,到2003年也只有50个国家和地区的运动员参加了世界滑雪锦标赛越野滑雪的比赛。

近些年,中国的越野滑雪得到了飞速的发展,一些城市也开始承办世界性的比赛,例如,2006年中国长春市举办的冰雪旅游节暨净月潭瓦萨国际越野滑雪比赛,得到了参赛各国的一致好评和赞赏。

## 第二节 特点与价值

越野滑雪运动深受国内外人们的喜爱,这与越野滑雪运动的特点和价值是分不开的。

 一、特点

(一)距离长

越野滑雪比赛现设男子10千米、15千米、30千米、50千米、

4×10千米接力,女子5千米、10千米、15千米、30千米、4×5千米接力,其距离之长可见一斑。

## (二)有氧运动

越野滑雪运动是一种有氧运动,经常参加此项目可以提高呼吸系统能力,改善身体功能。

## (三)下上肢协调配合

越野滑雪运动要求下肢和上肢协调配合,经常参加此项目可以提高身体的协调性、爆发力和速度等。

经常参加越野滑雪,可以锻炼身体的平衡能力、协调能力和柔韧性,有效增强各关节的承受强度,提高心肺功能水平,还能达到减肥和愉悦身心的目的。

# 二、价值

## (一)锻炼平衡能力、协调能力和柔韧性

越野滑雪是一项全身运动,在滑行和转弯过程中,手臂、腰部、臀部和腿部的肌肉可以得到锻炼,各个关节可以得到拉伸而增加灵活性,在无形中锻炼了身体的平衡能力、协调能力和柔韧性,使全身得到全方位的锻炼。

## (二)有效增强各关节的承受强度

在滑雪的过程中,要做出优美流畅的动作、顺利地滑降和制动,就需要身体各个关节的配合。因此,滑雪对人体几乎所有关节都能起到良好的锻炼作用。经常进行越野滑雪的人,关节的承受强度会逐渐增大。

## (三)提高心肺功能水平

滑雪和跑步、游泳一样属于有氧运动,能够增强心肺功能,特别是在快速甚至是急速的运动中,对于心肺功能的锻炼更是显而易见。在室外越野滑雪中,这种锻炼效果尤为突出。

## (四)减肥功效

越野滑雪是一项不错的减肥运动。一名速度正常的滑雪者1小时消耗的热量为734卡,相当于在1小时内跑了9.5千米的运动消耗量。

## (五)愉悦身心

当人们驾驭着雪板徜徉在白色的冰雪世界里,大自然的纯美和飞驰其间的愉悦,会使他们忙碌于工作或学习之中的身心顿感轻松。

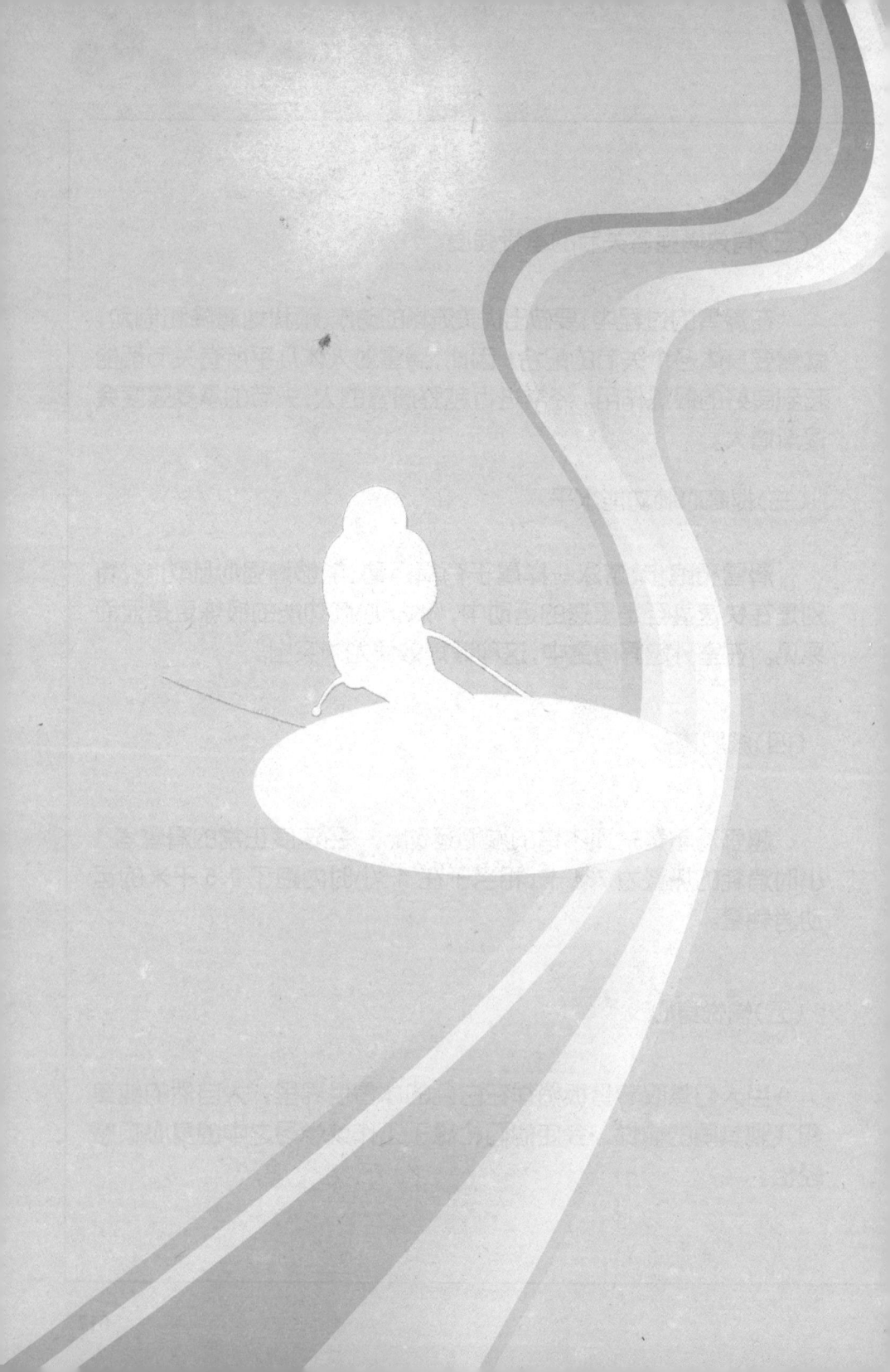

# 第三章 越野滑雪场地、器材和装备

滑雪是一项冬季运动项目，绝大多数滑雪场地都建在山林等自然环境下，对场地、器材和装备的要求较高。高质量的场地是滑雪运动开展的前提，而良好的器材和装备是运动参与者发挥较高水平的必要保证。

## 第一节 场地

场地是滑雪的必要条件,每一个滑雪者都必须了解和熟悉滑雪场的场地状况和设施。滑雪场的好坏直接影响滑雪的质量,同时也关系到滑雪者的安全。

越野滑雪场的规格以国际标准滑雪场为基准,比赛是按照预定的路线和距离来完成的。

(一)滑雪道

1.初级滑雪道
(1)坡面与滚落线一致,雪道变向处的角度应大于135°,宽度大于20米,坡度小于8°;
(2)滑雪道的停止区须开阔平缓,能达到滑行基本自然停止;
(3)"盘山"式初级滑雪道地段的宽度须大于5米。
2.中级滑雪道
多数地段的坡面要与滚落线一致,雪道变向处的角度大于

150°,宽度大于 25 米,坡度在 9°～25°之间。

3.高级滑雪道

(1)多数地段的坡面要与滚落线一致,雪道变向处的角度大于 160°,宽度大于 30 米,坡度在 16°～30°之间;

(2)滑雪道中的过渡雪道、引道和连接道的最窄处不少于 2.5 米;

(3)大众滑雪的坡度原则上应限制在 30°以内。

## (二)滑雪场标志

1.场地标志

(1)滑雪道级别用带有颜色的线条标注,绿色为初级滑雪道,蓝色为中级滑雪道,黑色为高级滑雪道;

(2)线的两端就是滑雪道的终点,标注滑雪道的线条应根据山坡的走势而呈现曲线或直线,每一条曲线代表一条滑雪道或一个滑雪区域。

2.指示标志(见图 3-1-1)

指示标志起提示或警告滑雪者的作用。了解雪场标志的作用与含义,对滑雪运动能够顺利、安全地进行具有非常重要的意义。

图 3-1-1

## 第二节 器材

越野滑雪运动对器材的要求比较高,包括滑雪板、滑雪板固定器、滑雪鞋和滑雪杖等。

## 一、滑雪板

### (一)规格

现代的滑雪板大多是经过改良的"卡宾板",俗称"大头板",长度应为滑雪者的身高减去5～15厘米。

### (二)构造

越野滑雪板由前、中、后三部分组成,前部较宽、中部较窄、后部宽窄适度,侧面形成很大的弧线,便于滑雪板转弯,特别是小转弯(见图3-2-1)。

### (三)选用原则

(1)要适合滑雪者的身体条件和技术特点;
(2)转弯半径越小,滑雪板越灵活,速度相对较慢,适合初学者;转弯半径越大,滑雪板越灵活,速度相对较快,适合有经验者;
(3)体重大、力量大、技术好的滑雪者要选弹性好、硬度大的滑雪板,女性或初学者要选择硬度低些的滑雪板。

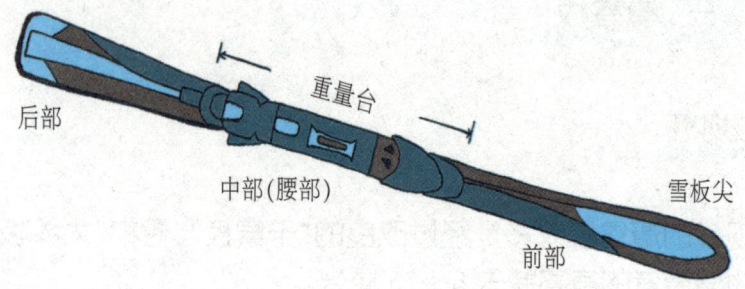

图 3-2-1

##  二、滑雪板固定器

### (一)构造

（1）滑雪板固定器由金属材料制成，固定在雪板上；

（2）滑雪板包括前、中、后三部分，前、后两部分起固定滑雪鞋的作用，都有调整松紧度的装置，后部的锁固柄可便捷地锁住滑雪鞋；

（3）滑雪板中部有止滑器和垫板，止滑器可防止滑雪板在山坡上自行溜滑，垫板用于立刃时滑雪鞋侧面与雪面摩擦（见图3-2-2）。

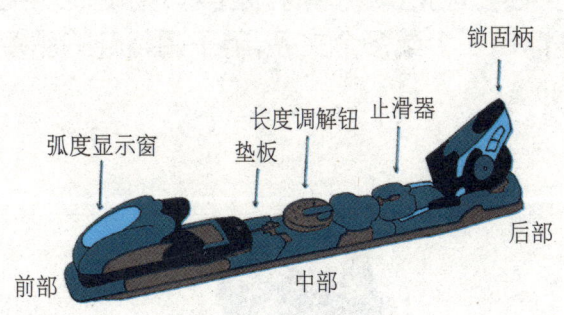

图 3-2-2

## (二)功能

越野滑雪固定器不仅能将雪鞋固定在雪板上,更好地控制滑行,而且在滑雪者摔倒或受到较大的冲击力时,能将滑雪鞋与滑雪板自动分离,保护滑雪者腿部不受伤害。

## 三、滑雪鞋

(1)越野滑雪鞋又称滑雪靴,鞋靿较高,有内外两层,外层与鞋底由塑料或 ABS 材质等坚硬材料制成,具有较好的防水性和抗碰撞性，内层由化纤组织和松软材料制成，具有保暖、缓冲等作用；

（2）滑雪鞋镶有一个或多个夹子，用于调整鞋的肥瘦和前倾角度（见图 3-2-3）。

图 3-2-3

## 四、滑雪杖

### （一）规格

（1）滑雪杖一般长 90～125 厘米，选择滑雪杖时，从雪轮起算最长应不超过肩部，最短不低于腋下，长度一般应与本人手臂下垂后肘部距地面的高度相当，这样既易于手握，又防止滑雪杖脱落；

（2）初学者可选择略长一点的滑雪杖，待技术提高后，再选择短一些的。

## (二)构造

(1)越野滑雪杖由轻铝合金材料制成,上粗下细;

(2)选择时应以质轻、不易折断、平衡感好、适合滑雪者的身高为原则;

(3)滑雪杖上装有雪轮,可防止滑雪杖过深地插入雪中,可以在高速滑行的瞬间给滑雪者一个稳定的支点(见图3-2-4)。

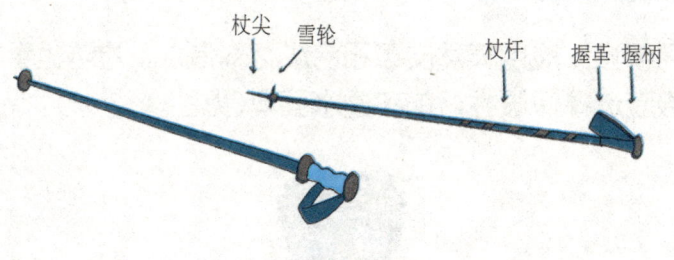

图3-2-4

## 第三节 装备

滑雪装备一般包括滑雪服、滑雪手套、滑雪帽(或头盔)、滑雪镜和滑雪内衣等。

标准的滑雪服应以质轻、保暖、防风雪、舒适合身、不妨碍行动又尽量减少风的阻力为宜(见图3-3-1)。

图 3-3-1

##  二、滑雪手套

滑雪手套一般用天然皮革和合成材料制成。为防止手被冻伤，手套内层应选择保暖性好的不透水面料（见图 3-3-2）。

图 3-3-2

##  三、滑雪帽（或头盔）

滑雪帽分为针织滑雪帽和头盔，可根据滑雪者的条件进行选择。

针织滑雪帽以弹性较好的绒线帽为最佳，长度以能遮到耳朵为宜，要能紧贴头部及耳朵部位，这样即使剧烈运动也不易松脱（见图 3-3-3）。

图 3-3-3

 **四、滑雪镜**

由于滑行中冷风对眼睛的刺激很大,雪地上阳光反射很强,所以滑雪者需要佩戴滑雪镜来保护眼睛(见图 3-3-4)。

图 3-3-4

 **五、滑雪内衣**

专业的滑雪内衣是由化纤面料制成的,具有良好的延展性和透气性。如果穿着棉质内衣,须及时更换,以免出汗后身体又潮又冷。

# 第四章 越野滑雪基本技术

越野滑雪的基本技术分为两大类，即传统技术和自由技术。本章对一般的旅游性和娱乐性滑雪技术加以阐述，包括基本术语、滑雪板板型、预备动作、移动动作、基本滑行动作、登坡滑行技术、下坡滑行技术和自由式平地滑行技术等。

## 第一节 基本术语

学习越野滑雪的基本术语，有助于更好地掌握越野滑雪的基本动作，也有助于在最短的时间内掌握并运用各种技术。

 一、常用术语

常用术语有切入雪面、刻住雪面、外雪板、内雪板、主动板、从动板、山下板和山上板等。

1. 切入雪面（见图 4-1-1）

切入雪面是指雪板刃实实地进入雪面中滑行，这主要体现在主动板内刃上。

2. 刻住雪面（见图 4-1-2）

刻住雪面是指静止时将雪板刃平稳地立在雪面中。

3. 外雪板（见图 4-1-3）

外雪板是指转弯弧线外侧的滑雪板。

4. 内雪板（见图 4-1-4）

内雪板是指转弯弧线内侧的滑雪板。

5. 主动板(见图4-1-5)

主动板是指在滑雪转弯过程中起主导作用的那只滑雪板，即负重大的滑雪板，一般是外雪板或山下板。

6. 从动板(见图4-1-6)

从动板是指在滑雪转弯过程中不起主导作用的那只滑雪板，即负重小的或不负重的滑雪板，一般是内雪板或山上板。

7. 山下板(见图4-1-7)

山下板是指处于山坡下侧的雪板，一般是外雪板。

8. 山上板(见图4-1-8)

山上板是指处于山坡上侧的雪板，一般是内雪板。

图4-1-1

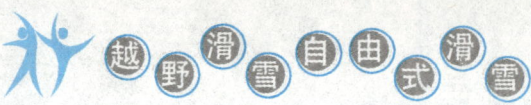

图 4-1-2

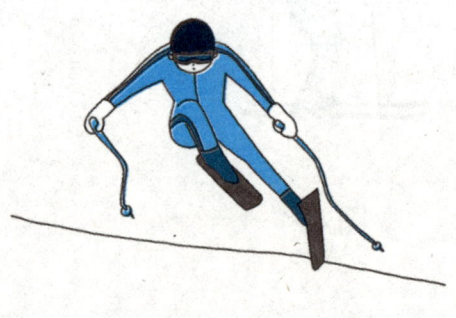

图 4-1-3

图 4-1-4

图 4-1-5

图 4-1-6

图 4-1-7

图 4-1-8

##  二、滑雪板板刃

滑雪板板刃有雪板刃、雪板内刃、雪板外刃、立刃和立刃角等(见图 4-1-9)。

1. 雪板刃

雪板刃是指滑雪板底面两侧的金属边。

2. 雪板内刃

雪板内刃是指滑雪在基本姿势中,左、右两只滑雪板内侧的板刃。因为有两只滑雪板,所以有两条内刃。

### 3.雪板外刃

雪板外刃是指滑雪基本姿势中,左、右两只滑雪板外侧的板刃。外刃也有两条。

### 4.立刃

立刃是指滑行中滑雪板底面与雪面形成的一定角度,主要体现在主动板内刃。

### 5.立刃角

立刃角是指转弯立刃时,滑雪板底面与雪面所形成的角度。

图 4—1—9

## 第二节 滑雪板板型

滑雪板板型是指两只雪板在雪面或空间所形成的形态，包括平行板型、犁式板型和剪刀式板型等。

 **一、平行板型**

平行板型是指一只脚的雪板和另一只脚的雪板相互平行（见图4-2-1）。

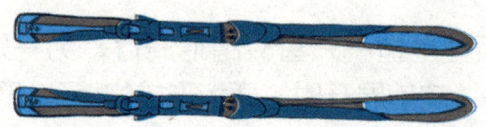

图 4-2-1

 **二、犁式板型**

犁式板型是指两只雪板后部的横向宽度大于前部的横向宽度（见图4-2-2）。

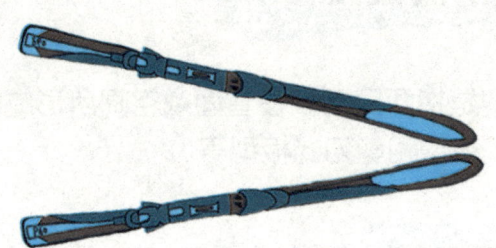

图 4-2-2

## 三、剪刀式板型

剪刀式板型是指一只雪板踏地滑行，另一只雪板蹬动后提起，板尖向外、向前展开时，两板形成的板型（见图 4-2-3）。

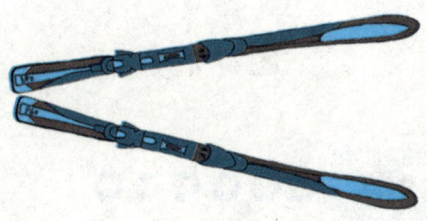

图 4-2-3

## 第三节 预备动作

预备动作容易被初学者掌握和接受,包括站立姿势和原地改变方向等。

 **一、站立姿势**

站立姿势是滑雪初学者必须掌握的基础动作,包括原地站立姿势和斜坡站立姿势等。

### (一)原地站立姿势

原地站立姿势常用于平地站立,它是滑雪的准备姿势,特点是动作简单,容易掌握。

1.动作方法(见图4-3-1)

(1)雪杖分别立插于雪板两侧,目视前方;

(2)放松,自然站立;

(3)两雪板平行,间距不超过胯宽,身体重心居中。

2.注意事项

原地站立时一定要放松,雪板共同承重,压力均匀。

图 4-3-1

## (二)斜坡站立姿势

斜坡站立姿势常用于在高山斜坡上站立,是越野滑雪初学者必须掌握的基础动作之一,特点是能够较稳地站立于山坡上。

1. 动作方法(见图 4-3-2)

(1)双雪板平行横在山坡上,山上板较山下板位置略高,并且略前于山下板半脚距离;

(2)双膝略向山上侧倾斜,山下板立住,内刃承担体重并刻住雪面,山上板立住,外刃刻住雪面;

(3)上体略向山下侧,与立刃的雪板对应横倾斜和转向。

2. 注意事项

(1)斜坡站立时,两脚必须横向站立在陡坡的山道上;

(2)两腿略弯曲,出现突发情况时可快速做出反应。

图 4-3-2

## 二、原地改变方向

掌握原地改变方向技术，是自如地进行其他各种练习的前提。原地改变方向包括"V"字形转向和180°变向等。

### (一)"V"字形转向

"V"字形转向常用于在平地上静止状态下改变方向，特点是动作简单，容易掌握。

1.动作方法（见图 4-3-3）

(1)左侧板尖向外展开；

043

(2)右侧板向左侧板靠拢；

(3)两雪杖在板尖外展时，支撑在体后。

2.注意事项

初学"V"字形转向时，雪板展开距离不宜过大，随着对雪板的适应再逐渐加大展开的距离。

图4-3-3

(二)180°变向

180°变向常用于在斜坡面上静止状态下改变方向，特点是变向较快，实用性强。

1. 动作方法（见图 4-3-4）

（1）双板平行站立，两杖在体前侧支撑；

（2）右腿支撑体重，左板向前抬起直立，双杖在体侧支撑；

（3）在上体左转的同时，直立的左板以板尾为中心向左侧下方转并着地；

（4）在放左板的同时，左雪杖移至右板外侧支撑；

（5）重心移至左腿，右板和右雪杖抬起移向与左板平行的同一方向，两雪杖支撑在体前侧。

2. 注意事项

该变向一般用于中等坡度。

图 4-3-4

## 第四节 移动动作

移动动作一般为平地横向移动,即在平地上向侧方移动,常用来在滑雪前找到雪道,或平行移动,动作简单易学、容易掌握。

1.动作方法(见图4-4-1)

(1)在平整的雪面上站立,侧对前进方向;

(2)双雪杖直插于距体侧远一点的地方,一只板承重,提起另一只板向承重板横移,然后落地,双板平均承重。

2.注意事项

双雪杖提起侧移,要为下一个移板动作留出空间,不要影响雪杖的移动。

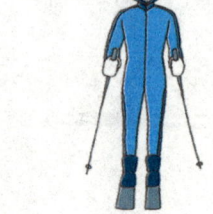

图 4-4-1

## 第五节 基本滑行动作

基本滑行动作是指滑雪中最基本和最常用的滑雪技术动作，包括直线向前走动、跌倒后起立、变换滑行方向、蹬动滑行、两步交替滑行、同时推进滑行、两步推进滑行和变换雪辙滑行等。

 一、直线向前走动

直线向前走动是初学者必须掌握的一项基本技术，动作简单易学，容易掌握。

1. 动作方法（见图 4-5-1）

穿上雪板后双手持杖，两板内距 15 厘米左右，像走路一样向前行走，两手持杖随走动配合撑杖。

2. 注意事项

（1）初学者首先要适应穿滑雪板在雪地上移动的条件与要求；

（2）初学者走动时步幅要小，随着对雪的适应要逐渐增大步幅；

（3）走动时，身体重心要完全落在支撑腿和脚上；

（4）向前走动时，身体重心落在支撑板后，要能向前滑动一定距离。

图 4-5-1

 **二、跌倒后起立**

跌倒后起立是在滑行跌倒后，重新站立进行滑行时所必须掌握的技术动作。

1. 动作方法（见图 4-5-2）

（1）上体抬起，双腿尽量屈膝靠近臀部，并使双板平行，与上体正面约成直角；

（2）单手或双手将上体推起至下蹲位置，然后站起。

2. 注意事项

（1）如果是在山坡地段跌倒，首先要将下肢移至山坡的下方，并将双板与下滑方向成直角并行放置在雪面上，用双板刃部蹬住雪地，再按平地起立的动作方法进行；

（2）如果上述方法不容易站起，可将雪板固定器打开，使雪板与雪鞋分离，站起后再将雪板固定好。

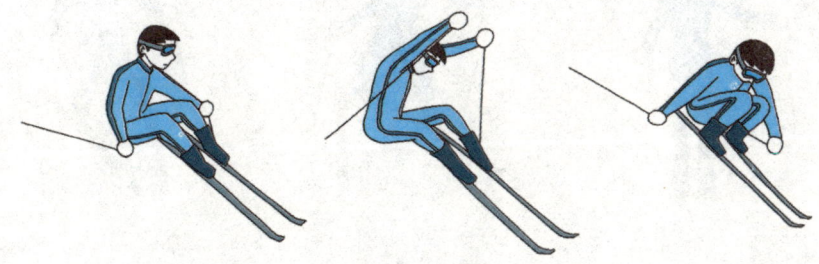

图 4-5-2

## 三、变换滑行方向

变换滑行方向是在滑行时需要变换方向或转弯时必须掌握的一项技术。

1. 动作方法

(1) 跨步转向法：即将双板按着正"V"字或倒"V"字的方法跨步变换方向（见图 4-5-3）；

(2) 180°转向法：将一条腿向前抬起至雪板后部完全离开雪面，然后将该腿向外侧旋转，使雪板尖旋转 180°，身体重心落在该雪板上，另一只板再旋转 180°，使两只雪板保持平行。

2. 注意事项

(1) 腿部膝关节不宜过于伸直；

(2) 转向时，头脑保持清醒，动作干净利落。

049

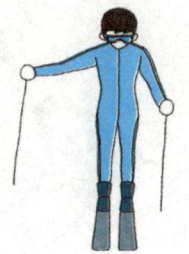  

图 4-5-3

##  四、蹬动滑行

蹬动滑行是在滑行中短时间加快速度的一种滑行技术，适合初学者学习。

1. 动作方法（见图 4-5-4）

（1）上体略前倾，目视前方 6～7 米处；

（2）膝关节略屈，身体重心放在蹬动腿的脚掌上，通过大腿和脚掌向后的蹬伸，使支撑腿向前方滑动，两腿交替进行；

（3）蹬动腿充分蹬伸后，脚跟和雪板抬起，然后大腿带动小腿和雪板向前迈，身体重心落在该侧腿上。

2. 注意事项

练习蹬动滑行时，开始可不用雪杖撑动，两臂持杖随腿的蹬动正常摆动即可。

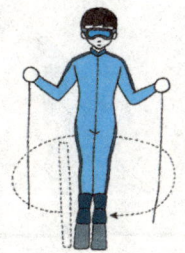  

图 4-5-4

##  五、两步交替滑行

两步交替滑行是一种在平地滑行中调整滑行速度的技术动作，易被初学者掌握。

1．动作方法（见图 4-5-5）

（1）上体前倾，右脚用力向下后方蹬动（最后雪板尾抬起），身体重心落在右脚上，向前滑行，右膝略屈；

（2）左臂尽量向前摆出，使杖尖落在右胸尖一带，左手用力向下后方撑杖，同时左脚向前跟出，身体重心快速移向左脚；

（3）两膝进一步蹲屈，身体重心完全移至左脚上，右脚开始蹬动，手继续前摆，蹬动幅度为 70~75 厘米。

2．注意事项

（1）两步交替滑行适于在平地和中小坡度地势上使用；

（2）单脚滑行时，避免由于膝部弯曲不够而造成身体重心线落后，影响滑进距离。

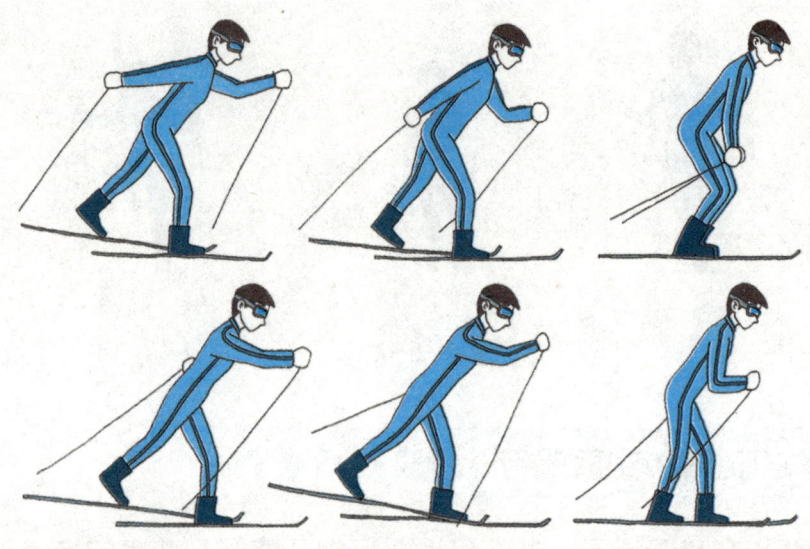

图 4-5-5

## 六、同时推进滑行

同时推进滑行是在体力充沛时和冲刺滑行时常运用的一种技术方法。

1. 动作方法（见图 4-5-6）

(1) 两板平行自然放松，身体略向前倾；

(2) 两臂放松向前摆动，当两手向前摆动的高度超过肩部时，略作暂停休息，接着将两杖落在脚尖略前方，上身呈前屈姿势，然后两臂同时用力向后推撑；

(3) 随着滑行速度的加快，撑杖的频率也应加快，两杖尽量

向前摆动,可将杖尖指向雪板尖部略后处,接着将上体重量放在两板上并用力向后推撑,使体重与臂力合成为向后的推撑力量;

(4)两杖向后推撑时,当手部通过腿部时,应降至膝关节的高度,以增加推撑力量。

2.注意事项

(1)在较长的平缓下坡中,运用该技术不但能够加快速度,还能使腿部得到短暂休息,对全身也有减轻疲劳的作用;

(2)在平地或缓下坡地段,需要做短暂加速时,也可使用该技术。

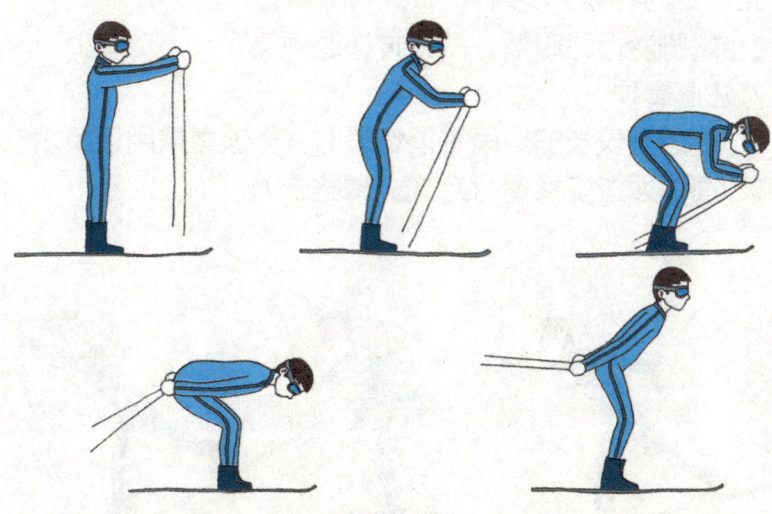

图 4-5-6

## 七、两步推进滑行

两步推进滑行是指在两腿各蹬一次后,再进行两杖同时推撑的滑行方法。

1. 动作方法(见图 4-5-7)

(1)当两杖推撑完后,向前摆动时,雪杖要在空中空摆一拍的时间,然后再落地进行推撑;

(2)进行两步滑行的第一步和第二步时要承担起全身重量,否则会引起摇晃现象;

(3)为更好地掌握节奏,可在心中数"1、2、3",当数到"1"和"2"时各滑一步,"3"时推撑;

(4)两脚滑行时吸气,两杖推撑时呼气。

2. 注意事项

(1)在遇到较长的一段平坦地段时,一般可采用该技术滑行;

(2)可以通过变换滑行方式,调整体力。

图 4-5-7

## 八、变换雪辙滑行

变换雪辙滑行是指在经过整理的雪道上,一边滑行一边改换到另一条雪辙上的滑行方法,常用来避开滑行前方的障碍。

1. 动作方法(见图 4-5-8)

(1)在变换雪辙前,为了保持或加快速度,先进行一次两杖同时推撑;

(2)将身体重心移到右脚上,提起左脚板尖指向左前方,再将重心移至左脚;

(3)当右脚到达右侧雪辙,即时将右板放在雪辙内,并支撑体重,接着将左板也放在左侧雪辙内,两板再共同承担体重;

(4)再用两杖同时推撑一次,加快速度。

2.注意事项

(1)支杖时,应避免把雪杖支在脚上;

(2)换雪杖时,一定要保持身体的平衡。

图 4-5-8

## 第六节 登坡滑行技术

登坡滑行技术是指上坡时的滑行技术,包括直线登坡滑行、斜线登坡滑行、阶梯式登坡滑行和八字登坡滑行等。

 一、直线登坡滑行

直线登坡滑行是上坡时常用的一种技术方法,特点是滑行快速有效。

1.动作方法（见图4-6-1）

可采用平地滑行的动作方法，但要缩小步幅，加快节奏，重心移动要跟上节奏。

2.注意事项

(1)要打好防滑蜡，防止雪板向后滑脱；

(2)登坡时上体不要过分前倾，防止雪板向后脱滑，两雪杖落点要在身体重心线之后；

(3)坡度越大，步幅要越小，以免脱滑。

图4-6-1

## 二、斜线登坡滑行

斜线登坡滑行是在上坡坡度非常陡峭时常用的一种技术方法。

1. 动作方法（见图4-6-2）

（1）用山上板的板刃略用力刻进雪面，将身体侧对山坡，山上侧腿屈膝向斜前方迈进；

（2）雪杖前摆，落在前后脚中间一带，用下山侧雪杖支撑身体，防止向后脱滑。

2. 注意事项

（1）当遇到倾斜度较大的山坡，用直线登坡滑行有困难时，可运用这种方法；

（2）如果坡度大、距离长，则可走"之"字线路。

图4-6-2

## 三、阶梯式登坡滑行

阶梯式登坡滑行是指在陡坡或线路较窄的地段上，将身体侧向山坡、两板顺次向山上登行的方法，适合有一定滑雪经验的人运用。

1. 动作方法（见图4-6-3）

（1）将身体侧向山坡，两脚向坡上替换登行；

（2）在两板的板刃刻进雪面的基础上，上山脚侧脚向上横跨一步，山下侧的雪杖支撑住体重，山下侧脚再蹬动上提，落在山上侧脚旁，并用内刃刻进雪面；

（3）山下侧脚落在雪面的同时，山下侧雪杖马上提起并落在脚旁，以防身体脱滑。

2. 注意事项

（1）蹬坡时要注意把雪板放平；

（2）雪杖支地要稳，防止失去重心。

图4-6-3

## 四、八字登坡滑行

八字登坡滑行是一种直线向坡上登行的方法，其特点是速度较快，但也相对费力。

1. 动作方法（见图4-6-4）

（1）身体前倾，两雪板呈倒"八"字形；

（2）用两雪杖交替撑于身体后方，防止雪板向后脱滑；

（3）支撑脚雪板内刃，刻住雪面并支撑体重，另一只脚向前上方迈出；

（4）用内刃着雪，身体重心随着移至此脚上，另一只脚再迈向前方。

2. 注意事项

（1）迈向前方脚的雪板，勿踏在另一只雪板尾部；

（2）两板尖的分开角度要根据坡度而定，坡大开角亦大，反之亦小。

图4-6-4

## 第七节 下坡滑行技术

下坡滑行技术是下山坡时运用的滑行技术，包括直线滑降、斜线滑降、横向滑降、八字滑降、半八字式转弯、跨步式转弯和双板平行转弯等。

  一、直线滑降

直线滑降是指滑雪时保持直线向下滑行动作。

1. 动作方法（见图 4-7-1）

（1）两板间距 15 厘米，膝和足踝关节弯曲、上体保持略高的姿势；

（2）身体重心落在脚的后半部分并平均放在两板上；

（3）两臂放松并略向前抬起，使杖尖能接近地面。

2. 注意事项

越野滑雪板较窄，不适于高速度的直线陡坡滑行，所以直线滑降是一项较难的技术，除高级运动员外，一般应避免使用。

图 4-7-1

061

## 二、斜线滑降

斜线滑降是指按斜线方向滑降,以缓冲下滑坡度的滑降方法,常用于较宽阔的陡坡场地。

1. 动作方法(见图 4-7-2)

(1)两脚分开约 15 厘米,上侧板略靠前约半脚的距离,两膝和踝关节弯曲;

(2)身体姿势呈外倾,即向下侧倾斜,主要用下侧板支撑体重;

(3)由上侧板外刃和下侧板内刃刻住雪面,斜向下滑。

2. 注意事项

(1)两腿分开不宜过宽;

(2)身体随滑行方向自然倾斜。

图 4-7-2

## 三、横向滑降

横向滑降是指在遇到场地窄的线路地段时，身体与板横向滑降的方法，特点是能够有效地控制速度。

1. 动作方法（见图4-7-3）

（1）身体呈斜线滑降姿势站立；

（2）通过膝部关节的屈伸动作，以及山下侧板的立刃支撑，使整个身体横向下滑，身体要保持外倾；

（3）在横滑降过程中，如果重心略前移，板尖斜向山下侧，则向斜前方横向下滑；如果重心略后移，板尖略向山上侧移，则向斜后方横向下滑。

2. 注意事项

（1）膝关节不宜过于紧张；

（2）雪杖应该帮助支地，保持平衡。

图 4-7-3

063

## 四、八字滑降

八字滑降是指将两雪板尾部向两侧分开，沿着山坡直线向下制动滑降的方法。

1. 动作方法（见图4-7-4）

（1）两板呈"八"字形，两膝关节略屈并内扣，体重落在脚上；

（2）重心略后移，通过两板用刃及改变两板尾分开程度，调整下滑速度。

2. 注意事项

（1）雪板内扣时，髋关节用力内收；

（2）用两个雪杖支撑身体平衡。

图4-7-4

## 五、半八字式转弯

半八字式转弯是指在八字滑降的基础上，将体重移向一侧板上、用内刃，另一侧放平、不用刃，同时身体转向未制动一侧的转弯方法。

1. 动作方法（见图 4-7-5）

（1）通过将胯部向左或右移动，使身体重心落在一侧板上；

（2）一侧板支撑体重并用内刃制动时，另一侧板必须放平不用刃，以保持身体协调转弯。

2. 注意事项

（1）转弯时膝关节略内扣，保持身体平衡；

（2）在滑行转弯中，身体重心要落在一侧腿上。

图 4-7-5

## 六、跨步式转弯

跨步转弯与平地改换雪辙的动作基本相同，只是需要根据转弯弧度的大小，多做几次跨步。

1. 动作方法（见图 4-7-6）

（1）一侧板向侧前方跨出，重心随着移过去后，撑杖，另一侧板跟上；

（2）内侧板跟上时，要保持两板平行。

2. 注意事项

（1）跨步不要过宽，防止失去重心；

（2）并板时，要保持两腿略弯曲，缓冲对膝关节的损伤。

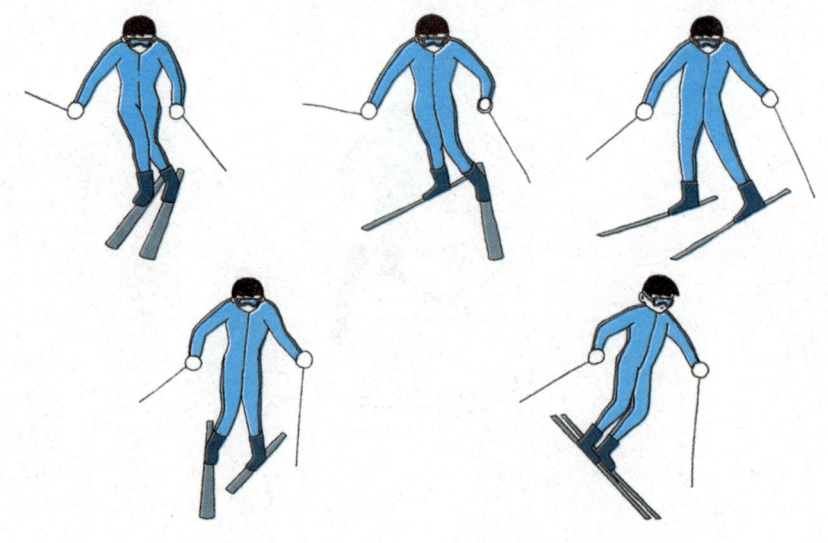

图 4-7-6

YUEYE HUAXUE JIBEN JISHU

## 七、双板平行转弯

双板平行转弯即在转弯时保持两板平行，该动作的技术难度较大。

1. 动作方法（见图 4-7-7）

（1）转弯时两板平行，膝部向前，向山上侧压，双板用刃，同时将山下侧杖尖插向脚尖前部；

（2）以山下侧雪杖为支点，向上提重心，两板变为平刃，再将重心落在两板尾部，并使之立刃划弧转向。

2. 注意事项

（1）转向时，不要将体重只落在下侧板上；

（2）转弯时，利用雪杖来保持身体的平衡。

图 4-7-7

## 第八节 自由式平地滑行

自由式平地滑行技术由滑冰动作演变而来，特点是滑行速度快，雪板的打蜡技术简便，所以深受滑雪者的喜爱，它包括蹬冰式滑行、交替蹬撑滑行、同时蹬撑滑行、二步四步蹬撑滑行和单蹬同撑滑行等。

 **一、蹬冰式滑行**

蹬冰式滑行的蹬动与滑行方法与速度滑冰相同，双手持杖，并配合腿部动作撑动。

1. 动作方法（见图4-8-1）

（1）一侧腿蹬动后，身体重心全部移到滑行支撑腿的板上，上体放松略前倾；

（2）蹬伸腿向侧后方用力蹬伸，蹬动时用蹬动板的内刃刻住雪面；

（3）膝部弯曲100°～110°。

2. 注意事项

（1）上肢保持前倾，以提高滑行速度；

（2）滑行时要将雪杖夹于腋下。

图 4-8-1

## 二、交替蹬撑滑行

交替蹬撑滑行是指在蹬冰或滑行的基础上，把摆动向前的雪杖及时地插在滑行脚的前外侧，并与滑行脚同时蹬和撑杖的技术，常用于缓坡、平地和下坡，可与传统式技术的二步滑行交替使用。

1. 动作方法（见图 4-8-2）是：

（1）身体姿势和腿部动作与蹬冰式滑行技术相同，撑杖与蹬动要同时进行；

（2）支杖时，用大臂带动小臂，向前滑行。

2. 注意事项

（1）滑行时手脚交替要协调；

（2）滑行时目视前方，避免低头。

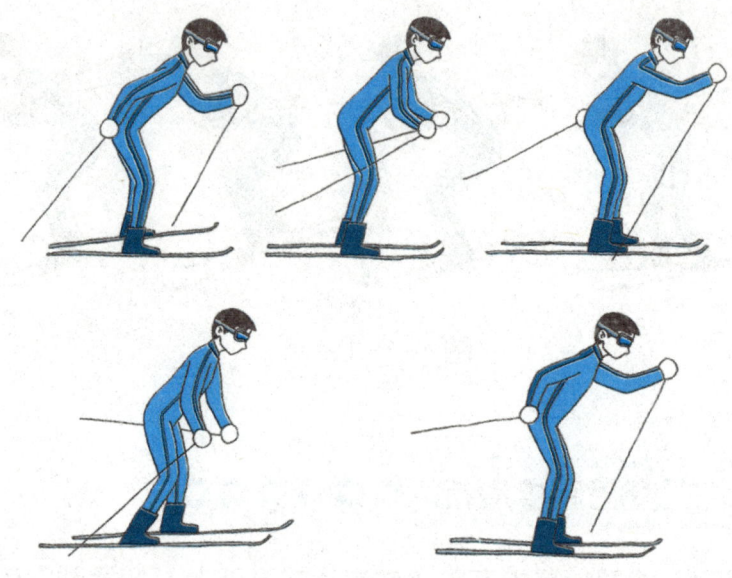

图 4-8-2

### 三、同时蹬撑滑行

同时蹬撑滑行是每蹬动一次，两杖都进行一次同时推撑的滑行方法，常在加速、冲刺或超越对方时使用。

1. 动作方法（见图 4-8-3）

（1）运用两臂的绝对力量撑杖；

（2）然后双脚用力蹬地向前滑行；

（3）蹬地时，身体前倾以便发力。

2. 注意事项

（1）两臂撑杖与腿的蹬动不要偏向一侧；

（2）两臂撑杖和蹬腿动作要充分伸展，节奏不要太快。

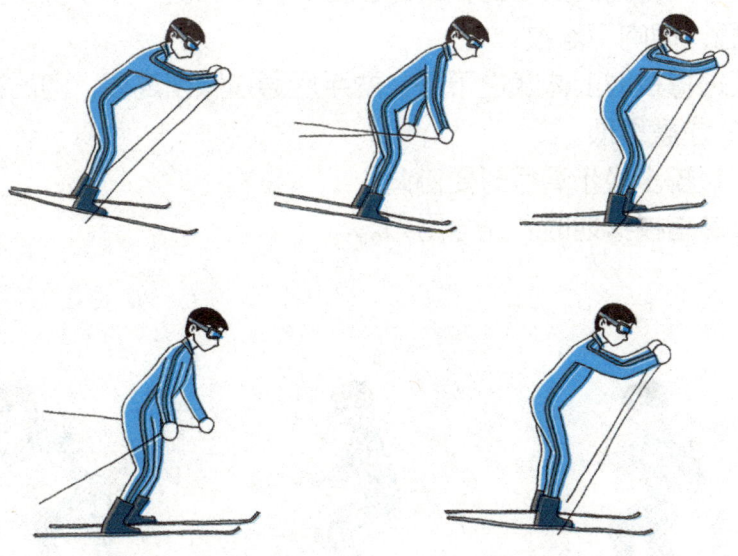

图 4-8-3

## 四、二步四步蹬撑滑行

二步四步蹬撑滑行是指两腿各进行 1～2 次蹬动后，两杖再同时进行一次推撑的滑行方法，常在较平坦的地段使用，可节省体力并能保持速度。

1. 动作方法（见图 4-8-4）

（1）两腿蹬动技术与蹬冰式技术相同；

(2)两臂向前摆杖时,上体直起,两臂弯曲,两手摆至头上高度后,再向下落杖;

(3)撑杖时上体随之下压,两手应通过膝部高度,向后推撑。

2.注意事项

(1)脚步换步滑行时要协调;

(2)雪杖撑地时要充分用力。

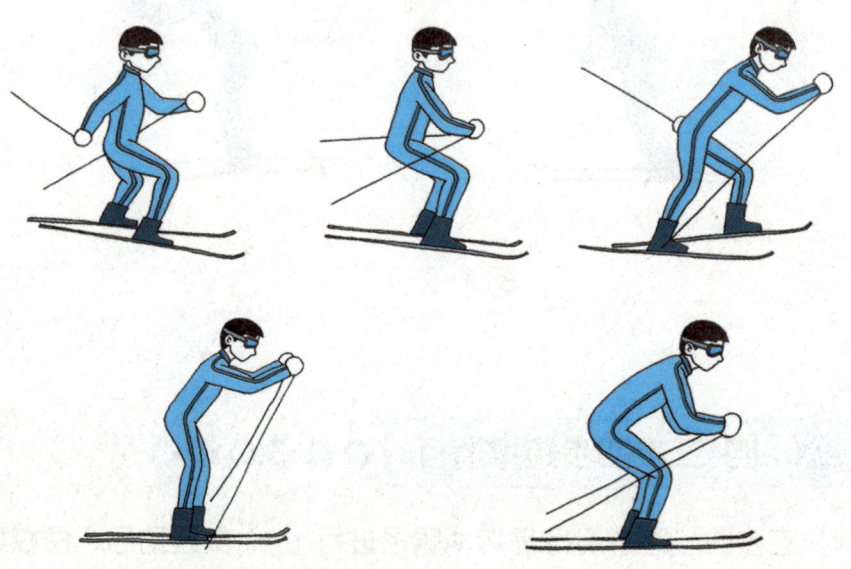

图 4—8—4

## 五、单蹬同撑滑行

单蹬同撑滑行是指在弯道滑行或线路需要时，用一侧腿连续蹬动，两杖同时撑动的滑行方法，常在线路较窄或弯道转变时使用。

1. 动作方法（见图4-8-5）

（1）两脚平行，脚尖向前，两大臂用力将雪杖撑地；

（2）然后左脚蹬地，右脚向斜前方滑步；

（3）两脚交替依次进行。

2. 注意事项

（1）蹬腿和撑杖后，身体重心一定要落在滑行板上；

（2）两臂撑杖用力要保持均衡。

图4-8-5

# 第五章 越野滑雪比赛规则

越野滑雪已经成为世界性的体育比赛项目，拥有完备的比赛程序和裁判方法。学习和掌握比赛程序和裁判方法，有助于运动员在比赛中游刃有余地发挥自己的实力。

# 第一节 程序

越野滑雪比赛的进行，需要遵循一定的程序，这也是保证比赛公平、公正、公开进行的前提条件。

## 一、参赛办法

### (一)健康检查

(1)运动员所在单位必须对运动员的身体健康负责，参加全国比赛的运动员，必须持有健康证明，并经大会医生复查，如不合格，禁止参加比赛；

(2)为加强性别和兴奋剂的鉴定，必要时运动员须接受大会医生的检查。

### (二)报名

运动员参加全国比赛，必须由其所在单位按规程规定的时间

报名,而且报名分为两次。

1.第一次报名

第一次报名的内容为:

(1)参加的项目和运动员人数;

(2)领队、教练员和工作人员人数。

2.第二次报名

第二次报名内容为:

(1)参加比赛的项目;

(2)运动员的姓名、性别、出生年月日和报名序号;

(3)运动等级及积分、前一年或前一届全国比赛中的名次和成绩。

## (三)分组

分组的年龄标准如下(见表5-1-1):

| 年龄组 性别 年龄 | 成年组 | 青年组 | 少年甲组 | 少年乙组 | 少年丙组 |
|---|---|---|---|---|---|
| 男 | 21岁以上 | 19~20岁 | 16~18岁 | 13~15岁 | 12岁以下 |
| 女 | 20岁以上 | 18~19岁 | 15~17岁 | 12~14岁 | 11岁以下 |

表5-1-1

除没有年龄限制的赛会外,各组运动员均应参加本年龄组的竞赛。

如果所在单位报名时提出申请,而且此运动员确实具备了要求参加高年龄组别的条件,大会可以考虑,允许其参加高年龄组的比赛。

## (四)抽签

运动员出发顺序,原则上按项目分组抽签,也可由主办单位排定。

(1)抽签的方式有赛前一次抽签和在该项比赛的前一天晚上单项抽签等,具体的方式由竞赛规程确定;

(2)各组抽签的顺序为:第二组—第一组—第三组,由运动员本人或代表抽签,也可由大会工作人员代抽;

(3)抽签后,运动员的分组和出发顺序不得改动。

## (五)替补和迟到

(1)定额参加的比赛，运动员因受伤、生病或其他特殊原因不能参加比赛时，可最迟在比赛前2小时向大会提出申请，经大会审核批准后，由替补队员代替原队员参加比赛；

(2)超过2名以上的运动员迟到时，出发顺序要由抽签确定。

## (六)熟悉线路

(1)赛前至少应给运动员2天熟悉线路的时间；

(2)遇有特殊情况时，裁判长有权封锁全部和部分线路。

## (七)雪板标记

(1)赛前，运动员应佩戴号码布，亲自到雪板标记处在雪板上打印标记；

(2)全国性比赛，按不同项目，用不同颜色在雪板上标示出出发顺序号。

## 二、比赛方法

(1)比赛时,运动员按分组抽签确定出发顺序,每隔30秒发出1名或2名运动员。发令员在出发前10秒提示运动员上道,"5、4、3、2、1、出发",使用电动计时器,出发讯号由电讯音响播出;

(2)运动员必须从起点出发按标志滑完全程;单程比赛中不允许更换雪板;接力项目中,在雪板损坏的情况下,只允许更换一只,雪杖的更换不受限制;

(3)上坡和平地滑行中,当后面运动员要求让路时,即使有2条雪道或第一次提示让路要求,也必须让路,后面运动员不得在3米内尾随50米以上;

(4)在不借助外力的情况下,运动员可以接受别人提供的雪蜡、工具、食品;在单项比赛中,距终点100米内禁止使用蹬冰式滑行技术;

(5)成绩的计算是以运动员任何一只脚的脚尖抵达终点线为准,如果两名运动员时间相等,则名次并列。

## 第二节 裁判

越野滑雪比赛中的裁判员和裁判方法十分重要，它们能为运动员提供一个公平、公证、公开的比赛环境，有助于赛出优异成绩。

 一、裁判员

(1)裁判长；
(2)副裁判长；
(3)线路长；
(4)线路检查站站长和检查员；
(5)起、终点裁判长和裁判员；
(6)计时长和计时员；
(7)记录长和记录员；
(8)检录员、检录长和标记员；
(9)发令员和助理发令员；
(10)场地设备员。

## 二、计时规则与方法

（1）全国性比赛，应尽量采用电动计时。

（2）使用人工计时，秒表字盘直径不得少于 4 厘米。

（3）使用人工或电动计时，精确度均要计算到百分之一秒，要计出时、分、秒单位，如能计算出千分之一秒时，则要采用四舍五入的办法，变为百分之一秒。

（4）10 千米和 15 千米线路的比赛，一般每隔 5 千米进行分段计时；30 千米和 50 千米线路，至少有 3 个地方进行分段计时；5 千米以内线路酌情分段计时。

（5）全国性比赛使用电动计时时，也必须以人工计时为辅。一旦电动计时器发生故障，则以人工计时为准。

（6）如只用人工计时，每一计时组不得少于 3 块表，其有效成绩计定标准如下：如 3 块表中有 2 块表相同，则以相同的 2 块表为准；如 3 块表的时间各不相同，则以中间表的时间为准；如 3 块表中有 1 块表失灵，则以另 2 块表取的较差成绩为准；如 3 块表中 2 块表失灵，则以余下的 1 块表为准；如 3 块表全部失灵，则以计时长的表为准；如所有的表全部失灵，则让运动员重新滑行，重新评定成绩。

## 三、犯规

运动员出现下列情况,则按犯规论处:

(1)不符合运动员资格者;
(2)不符合年龄规定者;
(3)以不正当手段参加比赛者;
(4)未按指定线路和标志滑行者;
(5)没有通过所有检查站者;
(6)借助外力者;
(7)别人超越时,故意不让路有明显阻挡者;
(8)抵达终点,两只雪板都无标记者;
(9)私自改变线路和雪板标记者;
(10)比赛时,私自携带和安装严禁物品者;
(11)严重不服从裁判员判决者。

# 自由式滑雪

## 第六章 自由式滑雪概述

　　自由式滑雪是一项融体操动作和滑雪技术于一身的体育项目，要求滑雪者有精准的身体控制能力，并掌握空翻、芭蕾舞蹈和滑雪等多种运动技能。

## 第一节 起源与发展

自由式滑雪始于20世纪60年代,在随后的几十年中逐步发展成型,现在已经开展多种国际赛事。

### 一、起源

自由式滑雪是在高山滑雪的基础上发展而来的,最初只是将高山滑雪和杂技集于一身。1966年,首次自由式滑雪比赛举行。早期的自由式滑雪包括空中技巧、雪上技巧和雪上芭蕾。

### 二、发展

#### (一)国际自由式滑雪

从1975年起,自由式滑雪世界杯赛开始举行。

1979年,国际滑雪联合会正式承认自由式滑雪项目,并且在运动员及其跳跃技巧方面制定新规则,以减小此项运动的危险性。

1986年,首届自由式滑雪锦标赛在法国阿尔卑斯山的蒂恩镇举行。

1988年,女子雪上芭蕾被列为冬奥会表演项目。

1992年,男子雪上芭蕾被列为冬奥会表演项目。

从 1992 年起,自由式滑雪被列为冬奥会比赛项目,并设男子、女子雪上技巧两个项目,1994 年又增设男子、女子空中技巧两个项目。

目前,自由式滑雪已有 6 个奥运会比赛项目,包括雪上技巧、空中技巧和双人雪上技巧等。

## (二)中国自由式滑雪

我国于 1989 年 5 月在松花江地区建立了第一支自由式滑雪空中技巧队。

在 1998 年长野冬奥会上,徐囡囡获得自由式滑雪空中技巧项目的银牌。

在 2006 年都灵冬奥会上,韩晓鹏获得自由式滑雪空中技巧项目的金牌。

## 第二节 特点与价值

自由式滑雪不但具有技巧性强和观赏性强等特点,还具有多方面的价值。

## 一、特点

### (一)技巧性强

自由式滑雪是一项融滑雪技术、体操动作于一身的体育项目,它的技巧性强,要求滑雪者有精准的身体控制能力。

### (二)观赏性强

自由式滑雪的比赛场地小,比赛全过程都在观众的视线范围之内,滑雪者跃起的空翻转体动作令人眼花缭乱,具有很强的观赏性。

## 二、价值

### (一)增强身体柔韧性

滑雪者要做出优美流畅的动作,顺利地降落和制动,就需要身体各个关节的配合。在进行自由式滑雪的过程中,手臂、腰部、臀部和腿部的肌肉都可以得到锻炼,身体各个关节都可以得到拉伸,从而能够激活僵硬的身体,增强身体的柔韧性。

## (二)提高心肺功能水平

自由式滑雪属于有氧运动,能够增强心肺功能。此外,在雪场的冷空气中运动,也是对身体的氧气运输系统的考验,在无形中锻炼了心血管的缩张能力,从而提高心肺功能水平。

## (三)减肥功能

对于想减肥的人来说,自由式滑雪是一项不错的运动。数据表明,一名速度正常的滑雪者1小时消耗的热量为734卡,相当于在1小时内跑了9.5千米的运动消耗量。

## (四)振奋精神

人们在冬季通常会出现忧郁、沮丧、注意力分散等精神状况,这种季节病被称为"冬季抑郁症"。运动是改变低落情绪的基本方法之一,室外运动尤其具有这种功效,自由式滑雪就是一种很好的室外运动方式。

## (五)愉悦身心

当滑雪者驾驭着滑雪板穿行在雪白的冰雪世界里,大自然的纯洁和飞驰其间的愉悦,能让忙碌于工作和学习的身心顿感轻松。

# 第七章 自由式滑雪场地、器材和装备

自由式滑雪对场地、器材和装备的要求比较高,因为这直接关系到滑雪者的人身安全。在练习或比赛前,应严格检查场地是否符合要求,器材和装备是否完好。

## 第一节 场地

自由式滑雪分多个项目,不同项目的场地有不同的规格、设施和要求。目前,中国开展的自由式滑雪项目主要是空中技巧,这里只介绍这个项目的场地。

 一、规格

空中技巧项目的场地由出发区、助滑坡、过渡区一、跳台、过渡区二、着陆坡和终点区组成。运动员通过助滑坡加速,在跳台上起跳飞起到空中,在空中完成空翻、转体动作后,在着陆坡着陆并滑下至终点区停止。

### (一)助滑道坡度

助滑道坡度约为25°。助滑道坡度直接影响到助滑距离,因此,滑雪者要据此合理确定起滑点。

### (二)台前距

台前距直接影响着陆的稳定性。若台前距过短,会导致着陆点的下移,极易造成翻转过度;若台前距过长,则容易造成翻转不足

而前趴。所以,在台前距变化时,滑雪者要相应地调整助滑速度或起跳出台角度等技术参数,以确保动作成功。

## (三)跳台高度

跳台高度是影响空中技巧技术效果的敏感指标之一。跳台高度的增加具有双重效应:一方面,腾空高度的增加与滞空时间的延长有助于完成高难度的空中翻转;另一方面,在明显增高的跳台上做预定动作,易造成着陆时身体翻转过度而跌倒。

## (四)跳台角度

跳台角度是影响空中技巧技术效果的另一个敏感指标。空中技巧项目的起跳台角度分为 60°、65°和 69°三种,起跳出台技术要根据跳台角度的变化做出相应的调整。滑雪者可根据自己要做的空中动作来选择最适当的跳台角度。

## 二、设施

空中技巧项目的场地设施有:
(1)场地的过渡区设有速度显示器,显示滑雪者在助滑道与过渡区交界处的滑行速度;
(2)在过渡区的助滑道两侧以2米的间距直线标插20个标志物;

（3）场地须设 3 个风向标，分别设在起点、裁判席前上方和平台区的一侧，风向标长 1 米，宽 5 厘米，颜色鲜艳，由轻质塑料制成；

（4）场地应设有一系列的风速表，在平台区、助滑道和终点区都要测量风速。

 三、要求

空中技巧项目的场地要求是：
（1）场地上不能有对滑雪者安全不利或带来阻碍的障碍物；
（2）起点和终点应设在开阔地带，确保滑雪者有足够的空间完成技术动作。

## 第二节 器材

合适的滑雪器材是滑雪者人身安全的基本保障，也有助于滑雪者更快地学会滑雪技术。

## 一、滑雪板

### (一)构造

滑雪板由前、中、后三部分组成,前部较宽、中部较窄、后部宽窄适中,侧面形成很大的弧线。中部安装固定器的部分称为"重量台",两侧镶有钢边(见图 7-2-1)。

### (二)材质

1. 木质滑雪板

木质滑雪板重量轻,价格便宜,但易受潮变形,使用前宜涂抹特制油脂,使其不易沾雪,并防止雪水浸入。

2. 玻璃纤维滑雪板

玻璃纤维滑雪板适于任何雪质的雪地,但价格较高。

3. 金属滑雪板

铝合金滑雪板在深雪及冰面上回转轻便,但价格较高。

## (三)长度

长滑雪板滑行速度快,稳定性好;短滑雪板滑行速度慢,易颤动,稳定性差。滑雪板的长度须在一定范围之内,将滑雪板直立于地面,其高度不得超过手臂上举时的手腕高度,也不得低于胯部高度。

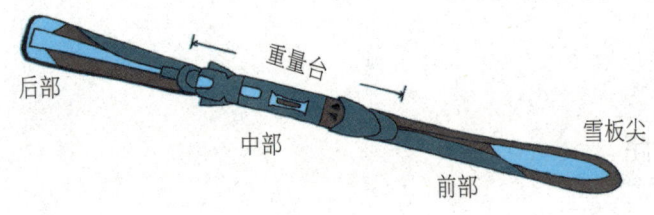

图 7-2-1

## 二、滑雪板固定器

### (一)构造

滑雪板固定器一般由金属材料制成,固定在滑雪板上,分为前、中、后 3 部分。前部固定滑雪鞋前端,后部固定滑雪鞋后端,前部和后部都有调节松紧度的装置。中部有止滑器,可以防止立刃时滑雪鞋侧面与雪面摩擦(见图 7-2-2)。

## (二)功能

滑雪固定器不仅要把滑雪鞋固定在滑雪板上,更好地控制滑行,而且在滑雪者摔倒或受到极大的冲击力时,能够将滑雪鞋与滑雪板自动分离,使滑雪者腿部免受伤害。

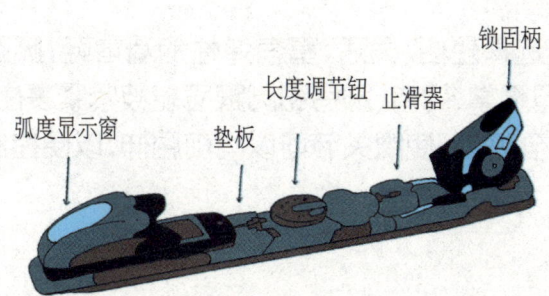

图 7-2-2

## 三、滑雪鞋

### (一)构造

滑雪鞋有内外两层。外层由塑料或 ABS 材料等坚硬材料制成,具有较好的防水性和抗碰撞性,上面镶有一个或多个卡子,用于调整鞋的宽窄和前倾角。内层由化纤组织和松软材料制成,具有保暖和缓冲等作用(见图 7-2-3)。

### (二)选择方法

初学者应选择轻便、灵活、富有弹性的滑雪鞋,脚趾在鞋中应能活动自如,但脚掌、脚背、脚弓和脚跟应能被紧紧裹住,外壳上的卡子要卡得恰到好处,使踝关节可以向前屈伸,以便控制滑雪板及滑雪速度。

图 7-2-3

## 四、滑雪杖

### (一)构造

滑雪杖由轻铝合金材料制成，上粗下细。滑雪杖上装有雪轮，可防止滑雪杖过深地插入雪中(见图 7-2-4)。

### (二)规格

滑雪杖长度一般应与手臂下垂后的肘部高度相当，这样既易于手握，又可防止脱落。

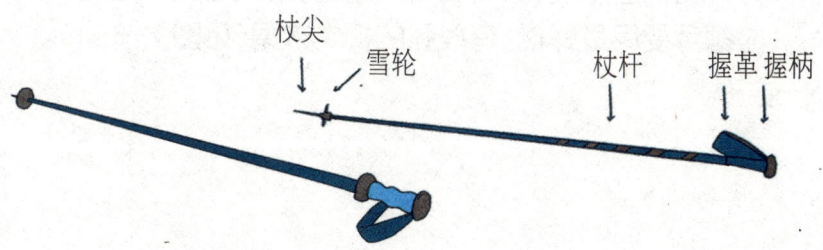

图 7-2-4

## 第三节 装备

自由式滑雪装备一般包括滑雪服、滑雪手套、滑雪头盔和滑雪镜等。

### 一、滑雪服

除专业比赛服外，凡是能够满足自由式滑雪要求的服装都可以成为滑雪服。通常的专用滑雪服分为上下分身款式和连体款式，前者由上衣与下裤两件组成，后者的上衣与下裤连在一起。选择专业滑雪服应注意以下几点：

（1）保暖而又不显臃肿；
（2）轻便、宽松、没有不适感，不影响滑行动作；
（3）所有能开放的部位及衣兜都能用拉锁和粘扣封闭，袖口呈紧口状；
（4）外布料应防风、透气、防水、耐磨、结实而又不坚硬；
（5）颜色要尽量鲜艳，有很强的视觉效果（见图 7-3-1）。

图 7-3-1

## 二、滑雪手套

滑雪手套的要求如下：

(1)滑雪手套的外层一般用天然皮革或合成材料制成，内层应选择保暖性较好、不透水的面料，以防手被冻伤；

(2)应选用腕口较长的滑雪手套，最好能将袖口罩住，腕扣最好可调松紧(见图 7-3-2)。

图 7-3-2

## 三、滑雪头盔

由于自由式滑雪的空中技巧性强,危险性大,因此需要戴滑雪头盔,这样摔倒时能够很大程度上减轻头部受到损伤。头盔有的是鲜艳亮丽的玻璃钢制品,类似于摩托车头盔,有的是 ABS 塑胶制品,塑胶头盔强度好,轻便,保护性更好。选择头盔可以根据自己喜好,通常玻璃钢材质的会比 ABS 塑胶的在价格上便宜一些(见图7-3-3)。

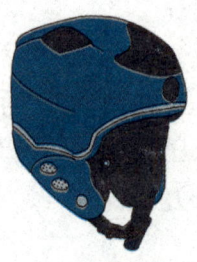

图 7-3-3

## 四、滑雪镜

滑雪镜可以防止冷风对滑雪者眼部的刺激,防止紫外线对眼睛的伤害,保证视线正常,而且在滑雪者跌倒后,还会保护其眼睛和面部免受伤害(见图7-3-4)。

图 7-3-4

# 第八章 自由式滑雪基本技术

自由式滑雪是一项技术难度较高的雪上运动,以空中技巧为例,首先要学习滑雪的基本动作,然后再学习自由式滑雪空中技巧。滑雪的基本动作是自由式滑雪空中技巧的基础,基本动作的熟练程度,直接决定着自由式滑雪的水平。

## 第一节 动作术语

学习滑雪的动作术语,有助于更快、更好地掌握滑雪的基本动作。

 一、基本术语

基本术语包括切入雪面等17种(见图8-1-1)。

1. 切入雪面

切入雪面是指雪板刃实实地进入雪面中滑行,这主要体现在主动板内刃上。

2. 刻住雪面

刻住雪面是指静止时将雪板刃平稳地立在雪面中。

3. 外雪板

外雪板是指转弯弧线外侧的滑雪板。

4. 内雪板

内雪板是指转弯弧线内侧的滑雪板。

5. 主动板

主动板是指滑雪转弯过程中起主导作用的那只滑雪板(即负重大的滑雪板),一般是外雪板或山下板。

6. 从动板

从动板是指滑雪转弯过程中不起主导作用的那只滑雪板（即负重小或不负重的滑雪板），一般是内雪板或山上板。

7. 山下板

山下板是指处于山坡下侧的滑雪板。

8. 山上板

山上板是指处于山坡上侧的滑雪板。

9. 立刃面

立刃面是指立刃时滑雪板与雪面所形成的角度。

10. 雪板迎角

雪板迎角是指滑雪板与原滑行方向所形成的角度，它与阻力大小成正比。

11. 负重

负重一般是指承担体重的滑雪板（或负重腿、负重脚）。

12. 滑降

滑降是指从山坡上向山坡下直线滑行。

13. 转弯

转弯是指从山坡上向山坡下，左右来回转换雪板运行方向的滑行。

14. 登坡

登坡是指穿雪板向山上移动。

15. 板型

板型是指两只滑雪板在雪面或空间所形成的形态。

16. 板位

板位是指两只滑雪板在雪面或空间所处的位置。

17. 前倾

前倾是指滑雪时膝部前顶、上体向前略倾、两脚掌用力的动作,它可以使重心不落后。

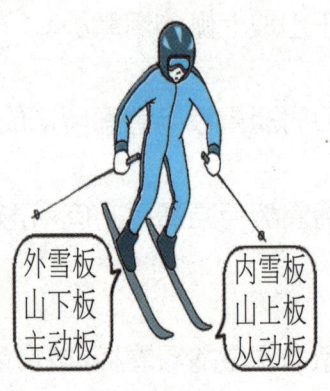

图 8-1-1

## 二、专业术语

在国际雪联的自由式滑雪比赛中,空中技巧项目分为非空翻动作和空翻动作两大类。

1. 非空翻动作

非空翻动作的专业术语有：

(1)横大一字跳；

(2)并腿体前屈跳；

(3)下肢扭摆跳；

(4)纵一字跳；

(5)后屈小腿挺身跳；

(6)后屈小腿扭摆跳；

(7)十字交叉跳；

(8)哥萨克跳；

(9)直体转体 360°跳；

(10)十字交叉旋转跳。

2. 空翻动作

空翻动作的专业术语有：

(1)直体后空翻；

(2)直体后空翻两次；

(3)后空翻 720°；

(4)后空翻 360°接 720°。

 **三、滑雪板板刃**

滑雪板板刃包括雪板刃、雪板内刃、雪板外刃、立刃和立刃角

(蹬雪角)等(见图8-1-2)。

1.雪板刃

雪板刃是指滑雪板底面两侧的金属边。

2.雪板内刃

滑雪基本姿势中,左右两只滑雪板内侧都有板刃。因为有两只滑雪板,所以有两条内刃。

3.雪板外刃

滑雪基本姿势中,左右两只滑雪板外侧都有板刃,所以外刃也有两条。

4.立刃

立刃是指滑行中滑雪板底面与雪面成一定角度,立刃主要体现在主动板内刃上。

5.立刃角(蹬雪角)

立刃角是指转弯立刃时滑雪板底面与雪面形成的角度。

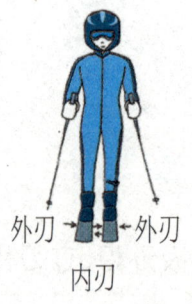 

图8-1-2

### 四、滑雪板板型

滑雪板板型包括平行板型、犁式板型和剪刀式板型等（见图8-1-3）。

1. 平行板型

平行板型是指一只脚的雪板和另一只脚的雪板相互平行。

2. 犁式板型

犁式板型是指两只雪板后部横向宽度大于前部。

3. 剪刀式板型

剪刀式板型是指一只雪板踏地滑行，另一只雪板蹬动后，提起板尖向外、向前展开所形成的板型。

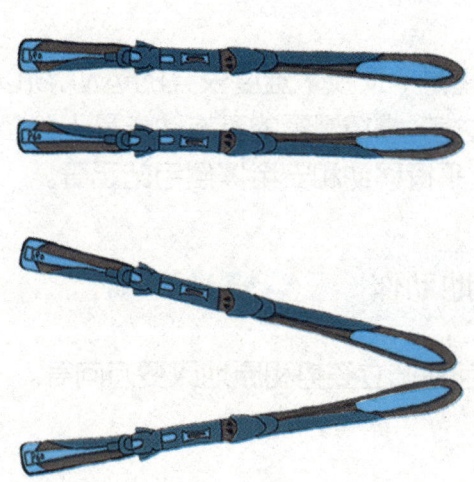

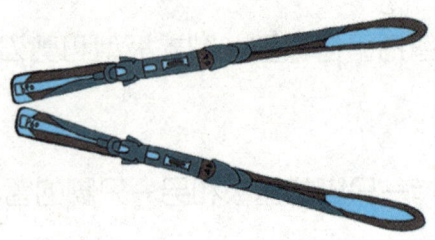

图 8-1-3

## 第二节 基本动作

自由式滑雪是一项技术难度较高的运动,所以,在学习自由式滑雪空中技巧之前,掌握滑雪的基本动作是十分必要的。基本动作包括原地动作、平行移动和安全摔倒与站起等。

 **一、原地动作**

原地动作包括站立姿势和原地改变方向等。

## （一）站立姿势

站立姿势包括原地站立姿势和斜坡站立姿势等。

1. 原地站立姿势

原地站立姿势的动作方法（见图 8-2-1）是：

（1）两雪杖分别立插于雪板两侧，目视前方，身体放松，自然站立；

（2）两雪板平行，间距不超过胯宽，两雪板共承体重，重心居中，压力均匀。

图 8-2-1

2. 斜坡站立姿势

斜坡站立姿势的动作方法（见图 8-2-2）是：

（1）两雪板平行横在山坡上，山上板较山下板位置略高，并可略前于山下板半脚距离；

(2)两膝略向山上侧倾斜，山下板立住内刃承担体重，刻住雪面，山上板立住外刃刻住雪面；

(3)上体略向山下倾斜。

图 8-2-2

## (二)原地改变方向

原地改变方向是指在静止状态下改变方向，包括"V"字形转向和180°变向等。

1."V"字形转向

"V"字形转向的动作方法(见图 8-2-3)是：

(1)左侧板尖向外展开；

(2)右侧板向左侧板靠拢；

(3)两雪杖在板尖外展时要在体后支撑。

图 8-2-3

2. 180°变向

180°变向的动作方法(见图 8-2-4)是：

(1)两雪板平行站立,两雪杖在体前侧支撑；

(2)右腿支撑体重,左雪板向前抬起直立,两雪杖在体侧支撑；

(3)上体左转,同时直立的左雪板以板尾为中心向左下方转并着地；

(4)在放左雪板的同时,左雪板移至右雪板外侧支撑,重心移至左腿；

(5)右雪板和右雪杖抬起移向与左雪板平行的方向,两雪杖在体前侧支撑。

 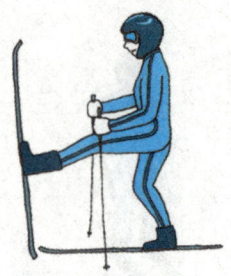 

图 8-2-4

##  二、平行移动

面对坡度较大的地势时,滑雪板必须同坡面保持垂直,然后平行移动,否则滑雪板就会倒滑或前滑。平行移动的动作方法(见图 8-2-5)是:

(1)将滑雪板垂直于坡面,两滑雪板保持平行,重心移至山下板,用力压住山下板的内侧,立刃,使其固定;

(2)然后平行向上移动山上板,重心移到山上板腿上,用力压住山上板的内侧,立刃,使其固定;

(3)平行向上移动山下板,回到基本站姿。

图 8-2-5

##  三、安全摔倒与站起

在初学滑雪时，摔倒是不可避免的。在即将摔倒时，应有强烈的自我保护意识，主动采取安全摔倒技术分解冲力，避免撞击，化解险情。在滑雪场常常看到这样的情景，一些初学者摔倒后，就像刚学会走路的孩子一样很难站起来，所以掌握站起技术也是十分必要的。

### （一）安全摔倒

对于初学者来说，在有些情况下，比如控制不了速度时、马上就要摔倒时、即将发生冲撞时、前方无法通过时、发生无法应对的

意外时等等,应该使用安全摔倒技术,以确保自身及他人安全。安全摔倒的动作方法(见图 8-2-6)是:

(1)摔倒前快速下蹲,降低重心;

(2)臀部向后侧方坐下,头朝上向山下滑动,防止头部触地或向前摔倒;

(3)尽可能两脚举起,两臂外展,使雪板、雪杖离开地面。

图 8-2-6

## (二)站起

摔倒后不要慌张,可以选择以下几种方式尽快站起来:脱掉雪

板、找人协助拉拽或搀扶、不卸掉雪板自己站起。前两种站起方式简单明了,不用介绍。不卸掉雪板自己站起的动作方法(见图8-2-7)是:

(1)首先要调整体位,将头部调向山上侧,脚朝山下,侧坐在雪面上;

(2)将两雪板收到臀下,越贴近越好,使得滑雪板平行放置并垂直于坡面,将滑雪板插入雪中,保证它不再滑动;

(3)用两雪板山上侧的板刃刻住雪面;

(4)用手或雪杖在身体后上方用力支撑,先蹲起再站起。

图 8-2-7

## 第三节 滑降技术

滑降技术是指在不施加外力的情况下,依靠重力在山坡上由上向下直线滑行的技术,它是自由式滑雪的基础技术,包括滑降基本姿势、直滑降技术、斜滑降技术、横滑降技术和通过不规则地形技术等。

###  一、滑降基本姿势

滑降基本姿势的动作方法(见图 8-3-1)是:

(1)呈平地穿雪板站立姿势,身体放松,两雪板平行摆放,受力要均匀,两雪板距离约同胯宽;

(2)两脚掌或两脚弓承重,重心居中,两膝前顶,并有弹性地调整姿势,臀部适度上提,收腹,上体略前倾;

(3)两手握雪杖置于固定器前部外侧,与腰部同高,略外展,雪杖尖不拖地,肩放松,目视前方 10~20 米处的雪面。

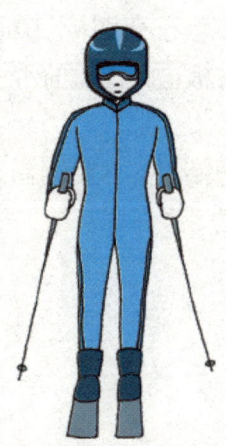

图 8-3-1

##  二、直滑降技术

直滑降技术包括双板平行直滑降、犁式直滑降和半犁式直滑降等。

### (一)双板平行直滑降

双板平行直滑降的动作方法(见图 8-3-2)是:

121

(1)在平地上呈滑雪基本姿势,全身放松;

(2)依靠重力下滑,体态左右对称,重心在两雪板中间;

(3)保持两雪板平行,板面与雪面吻合,两脚用力均等,踏实雪板;

(4)两膝前顶,要富有弹性,不要僵直,时刻发挥其缓冲及调整功能,保持动作紧凑平稳。

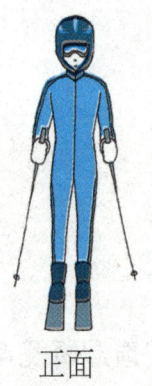
正面

前侧面

图 8-3-2

## (二)犁式直滑降

犁式直滑降的动作方法(见图 8-3-3)是:

(1) 呈滑雪基本姿势,两雪板间的距离不要过宽或过窄,约10厘米;

(2) 两雪板前端为假想圆心,以两雪板为半径,以两脚拇指根部为力点,两脚跟同时向外扭转,将两雪板后部推开立内刃,板型呈犁状,两雪板板尖相距约10厘米;

(3) 两腿与雪面呈等腰三角形,两雪板呈犁式后靠中,两脚内侧均等用力滑行,大、中、小犁式变化时靠两脚拇指根部为轴转动;

(4) 膝略内扣,重心位于两雪板中间,体态的左右外形、两腿的用力大小、两雪板的立刃程度、两雪板形成迎角的大小均应对称,上体放松,目视前方雪面;

(5) 根据速度、坡度、雪质和目的不同,随时移动身体重心;

(6) 可通过肌肉的内力对雪板刃施力的大小及立刃的强弱进行调整,达到控制速度、维持平衡的目的。

 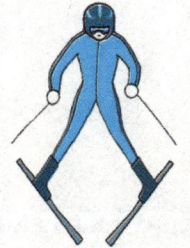 

图 8-3-3

## （三）半犁式直滑降

半犁式直滑降的动作方法（见图 8-3-4）是：

（1）将一只雪板用脚跟推出立刃；

（2）另一只雪板仍基本处于正常的滑降姿势，呈半"八"字滑行，身体重量主要在直滑降的那条腿上；

（3）身体自然前倾，不要倒向推出雪板的一侧；

（4）雪杖的杖尖向后外张，杖杆与雪面平行，手握雪杖放于腹前。

图 8-3-4

 三、斜滑降技术

斜滑降技术包括双板平行斜滑降和犁式斜滑降等。

124

## (一)双板平行斜滑降

双板平行斜滑降的动作方法(见图 8-3-5)是:

(1)呈滑雪基本姿势,在坡面上斜对下滑方向;

(2)山上板略向前半脚,山上膝略前,两膝向前上方倾压,两雪板山上刃刻住雪面,山下侧板承重大些,上体略向山下横倾和扭转,形成反弓形姿势,维持平衡;

(3)在滑行过程中注意踩实雪板,滑行的路线要直,山下板承担主要体重;

(4)目视滑行方向前方 8~10 米处的雪面;

(5)斜滑降时,反弓形姿势的变化和用刃要与斜滑的速度和斜度协调一致,两臂自然放松,略提起雪杖。

图 8-3-5

## (二)犁式斜滑降

犁式斜滑降的动作方法(见图 8-3-6)是：

(1)呈犁式滑降姿势，斜对滑落线向下滑行；

(2)山下板的承重及立刃均略大些，身体形态不完全对称，重心向山下偏移。

图 8-3-6

 **四、横滑降技术**

横滑降技术的动作方法(见图 8-3-7)是：

（1）呈坡面穿两雪板站立姿势，两雪板尽量平行靠近；山上板也可略靠前；

（2）身体侧对前进方向，与斜滑降相比，上体有更大的向山下扭转的感觉；

（3）两腿基本直立，由两雪板山上侧刃刻住雪面，山下板通常承重大些；

（4）通过调整雪板刃角的大小来增减下滑的速度，即立刃时减速，放平雪板时加速；

（5）雪板前部用力大些，雪板向前下方滑动，雪板后部用力大些，雪板向后下方滑动；

（6）雪杖基本不用，当横滑速度太慢时，可用雪杖推助。

图 8-3-7

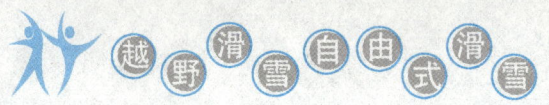

## 五、通过不规则地形技术

滑降中常常遇到不规则地形,如突陡地形、突平地形、突凸地形和突凹地形等,掌握通过这些不规则地形的滑降技术是非常重要的。

### (一)通过突陡地形

突陡地形是指在滑降中突然遇到的坡度较大的地形。通过突陡地形的动作方法(见图 8-3-8)是:

(1)遇到突陡地形,应迅速加大小腿前倾角度,两脚踩住雪板;

(2)身体其他部位应立即跟上前移的重心,维持身体平衡,否则会后坐、后倒;

(3)在小腿前屈的同时,前脚掌应主动将雪板前部压实,不使其向上翘起或抛离雪面。

图 8-3-8

## (二)通过突平地形

突平地形是指在滑降中突然遇到的较平或很平的地形。通过突平地形的动作方法(见图 8-3-9)是：

(1)在进入突平地形前,减小两只雪板的宽度,同时将两雪板前后错开大约 20 厘米,重心位于两脚之间;

(2)后脚跟略抬起,上体略直,雪杖放在体侧。

图 8-3-9

## (三)通过突凸地形

突凸地形是指滑降中突然遇到的小凸起地形,如小山包、雪丘

等。通过突凸地形的动作方法(见图 8-3-10)是：

（1）在进入突凸地形前，上体略前倾，重心前移，防止后仰；

（2）达到凸峰时，腿部适时做出最大弯曲，使重心尽量降低；

（3）待滑到凸峰对面时，重心前移上升，身体姿势升高，同时要在前脚掌滑过凸峰的刹那间把雪板前部压在雪面上，使其不被颠起。

图 8-3-10

## （四）通过突凹地形

突凹地形是指在滑降中突然遇到的凹陷地形和沟壑等。如果

凹沟的两边缘距离不大,而且滑行速度很快,则可以直接越过,动作方法(见图 8-3-11)是:

(1)越沟前可以使用雪杖支撑跳起,也可以用两脚蹬地反弹腾起,使雪板离开雪面;

(2)在空中,身体姿势要保持适当的团缩,不能伸张失去平衡,腿要保持弯曲,雪杖放在身体两侧,目视大约的着陆地点;

(3)着陆时两膝缓冲,根据落点的地形调节重心,防止跌倒。

图 8-3-11

## 第四节 转弯技术

转弯技术是自由式滑雪的重要技术之一,包括双轨平行连续转弯、犁式转弯、半犁式转弯、踏步转弯、跳跃式转弯和绕山急转弯等。

 一、双轨平行连续转弯

双轨平行连续转弯技术实用性强,容易掌握,适合初学者,动作方法(见图 8-4-1)是:

(1)身体姿势同直滑降或斜滑降,两雪板平行,两脚之间距离 10 厘米左右;

(2)从直滑降或斜滑降开始,保持一定速度,进入转弯阶段时身体重心略提起,将重心移到右腿并抬起左脚;

(3)重心向转弯内侧移,右膝关节向内扣,右雪板内刃蹬雪,板外刃辅助蹬雪,完成转弯滑入垂直下滑线;

(4)继续向前屈膝、屈踝,左腿支撑体重,进入下一个转弯;

(5)一个转弯结束,另一个转弯开始时,要利用蹬伸的反作用力,向斜上方提起重心,以便转弯时重心的交换。

图 8-4-1

## 二、犁式转弯

犁式转弯是指在犁式直滑降的基础上,以向一侧雪板移动重心等方式进行的转弯,它是一种相对静态的转弯技术,即转弯过程中身体各部位动作没有明显的变化,动作方法(见图 8-4-2)是:

(1)以犁式直滑降的姿势为前提,左右腿始终保持两个等腰三角形的基本状态,不要后坐;

133

(2) 向左雪板移动重心,加大左雪板压力,此时右雪板减轻负重或不负重;

(3) 左雪板开始向右自然转弯,成为转弯主动板,同时右雪板被动地跟随着左雪板向左转动,成为从动板,上体尽量面向山下;

(4) 向右转弯完成之后,延续一段向右的犁式斜滑降;

(5) 向左转弯之前可进行引伸,向右雪板移动重心,加大右雪板压力,此时左雪板负重减轻或不负重,右雪板开始向左自然转弯,成为转弯的主动板,同时左雪板被动地跟随着右雪板向左转动,成为从动板,上体尽量面向山下;

(6) 向左转弯完成后,延续一段向左的犁式斜滑降。

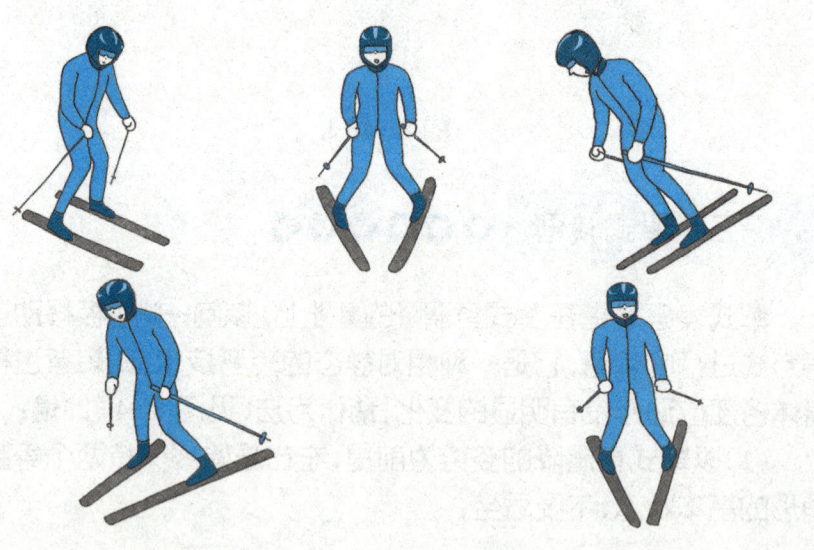

图 8-4-2

## 三、半犁式转弯

半犁式转弯是犁式转弯的衍生技术,因此在学习犁式转弯的基础上再学习半犁式转弯就会比较容易,动作方法(见图8-4-3)是:

(1)转弯前呈半犁式滑降姿势,呈直滑降状态的那只雪板是从动板,呈半"八"字滑降状态的那只雪板是主动板;

(2)转弯时像犁式转弯那样把重心向主动板转移即可。

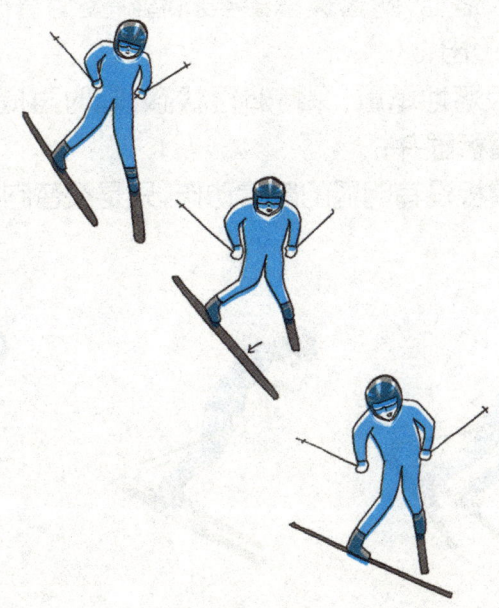

图 8-4-3

## 四、踏步转弯

踏步转弯是指左右雪板交替轮换承受体重，提离雪面向一侧改变方向的简易转弯方法，特点是转弯无弧迹，以向右转弯为例，动作方法（见图8-4-4）是：

（1）呈向右双板平行斜滑降姿势滑行，左雪板承重保持滑行状态，提抬右雪板向右前方展开迈出；

（2）右雪板落地承重，保持滑行状态，同时提抬左雪板向前右方相应迈出，向右雪板跟并；

（3）左雪板落地，两雪板承重呈斜滑降姿势滑行，再次提抬右雪板向前右方迈出；

（4）右雪板落地承重，保持滑行状态，同时再提起左雪板向前方迈出，向右雪板跟并；

（5）提抬雪板没有明显的蹬雪动作，只是交替向左挪动。

图8-4-4

## 五、跳跃式转弯

跳跃式转弯(以向左转弯为例)的动作方法(见图 8-4-5)是:

(1)呈双板平行向右斜滑降姿势;

(2)两膝关节同时用力向右下侧推压,猛然用两雪板山上侧刃向下蹬雪;

(3)借助蹬雪的反作用力使整个身体腾空,在空中刹那间的飞行中改变雪板方向,使其呈向左斜方朝向雪面;

(4)在雪板着雪后的滑行中,两雪板转弯内侧的刃产生蹬推动作,加大雪板转动速度,向左转弯结束。

图 8-4-5

## 六、绕山急转弯

绕山急转弯（以向左转弯为例）的动作方法（见图 8-4-6）是：

(1) 呈双板平行向左侧斜滑降姿势，右雪板主要承重；

(2) 两膝同时向左上侧加大倾斜，加强右雪板的蹬力与承重，同时两脚后部略向山下蹬推雪板，降低重心，呈反弓形，踏住雪板不松动，直到完成转弯。

图 8-4-6

## 第五节 空中技巧

自由式滑雪空中技巧的各部分动作之间相互联系,相互作用。空中技巧所有的动作都有 4 个基本环节,即助滑、起跳、空中动作和着陆。

 **一、助滑**

助滑是为了在起跳端获得更快的初速度,以延长空中飞行的距离,动作方法(如图 8-5-1)是:

顺着助滑道的倾斜面前进,两腿尽量深蹲,上体前倾呈流线型姿势,力求与雪面平行,以最大限度地减小空气阻力。

图 8-5-1

## 二、起跳

起跳是整个技术动作的关键,直接决定着滑雪者的成绩。由于助滑的最高速度可达每秒钟 30 多米,因此,掌握起跳的最佳时机是衡量滑雪者技术水平高低的主要标准。起跳的动作方法(如图 8-5-2)是:

顺着助滑道快速滑行,当雪板尖到达台端时,两腿快速下蹬用力,随即起跳,上体向前伸展。

图 8-5-2

 三、空中动作

　　自由式滑雪空中技巧的空中动作形式自由,技巧性强,基本动作包括横大一字跳、纵大一字跳、后屈小腿挺身跳、十字交叉跳和直体转体 360°等。

(一)横大一字跳

　　横大一字跳的动作方法(见图 8-5-3)是:
　　(1)从平台上跳起时,两臂从上向下在身体两侧挥舞,两腿张

开,尽力向两侧伸展;

(2)在空中保持该动作一段时间,落地之前两腿收回并拢。

图 8-5-3

## (二)纵大一字跳

纵大一字跳的动作方法(见图 8-5-4)是:

从平台上起跳后,两腿前后张开,前面的雪板朝上,后面的雪板朝下。

图 8-5-4

## (三)后屈小腿挺身跳

后屈小腿挺身跳的动作方法(见图 8-5-5)是:
(1)从平台上跳起后,两腿向后卷缩,两臂向后方上举;
(2)雪杖顶端竖直朝下,雪板尾部提起,略碰两肩;
(3)保持动作平衡,随后收回两腿,准备着陆。

图 8-5-5

## (四)十字交叉跳

十字交叉跳的动作方法(见图 8-5-6)是:
(1)从平台跳起后,后屈小腿挺身跳,板尖交叉结合;
(2)当板尖垂直指向地面时,两雪板交叉成 90°角,上体保持正直,直至两雪板伸向着陆坡。

图 8-5-6

## （五）直体转体 360°

直体转体 360° 的动作方法（见图 4-5-7）是：
(1) 垂直起跳，起跳后在空中完成一个 360° 旋转；
(2) 旋转中保持两雪板水平且平行。

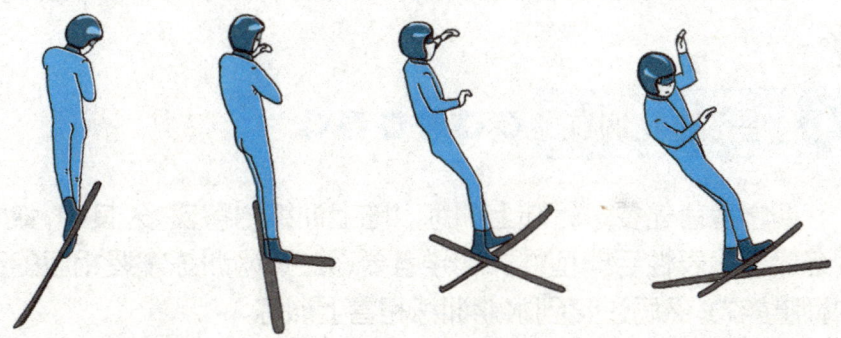

图 8-5-7

## 四、着陆

经过助滑、起跳和空中动作，最后再完成准确的着陆动作，就能使整套动作连贯一致，一气呵成。着陆的动作方法是：

着陆时，两脚呈弓箭步前后分开，重心落于两脚间，雪板后跟

略领先于板尖着陆,两腿屈膝做缓冲,两臂左右平伸,以维持身体平衡。

## 第六节 训练方法

自由式滑雪的训练包括 3 个部分,即陆上训练、水池训练和雪上训练。三者之间既有渐进性,又有反复性,要统筹兼顾,合理安排。

###  一、陆上训练

初学者首先要进行陆上训练。陆上训练内容较多,其中,弹网训练最具代表性与典型性。初学者要通过弹网训练掌握相应的空中翻腾能力,然后过渡到水池训练和雪上训练。

###  二、水池训练

水池训练是从陆上训练向雪上训练过渡的重要环节。水池训练应遵循"水陆结合,水为雪用"的原则。"水陆结合"是指在水池训练过程中,适时穿插陆上训练内容,以提高训练实效。"水为雪用"是指水池训练要从实战出发,紧紧围绕雪上训练的要求来进行,这是水池训练的基本指导思想。

##  三、雪上训练

  雪上训练包括雪上基本滑行训练和跳跃雪台训练。初学者在进行跳跃雪台训练之前,一定要掌握必要的雪上滑行技术。

## 第九章 自由式滑雪比赛规则

　　自由式滑雪空中技巧已经成为世界性的体育比赛项目，其特定的比赛规则是比赛公平、公正的前提条件和基本保障。

## 第一节 程序

运动员参加比赛要严格遵守比赛程序,以保证比赛顺利进行。

### 一、参赛办法

#### (一)报名

运动员参加比赛,必须在规定的时间内报名。报名时,运动员要说明姓名、性别、民族、出生年月日、参赛组别和参赛项目等。

#### (二)健康检查

运动员所在单位必须对运动员的身体健康负责。参加全国比赛的运动员必须持有健康证明,并经大会医生复查,如不合格,禁止参赛。

### 二、比赛方法

#### (一)资格赛与决赛

所有报名运动员均参加资格赛,其中,成绩进入前12名者,有资格参加最后的决赛。

## (二)赛前临场练习

赛前有1~2小时的临场练习时间,每名运动员只能练习3~5跳。

## (三)比赛顺序

比赛采取单人制,比赛顺序由抽签决定。比赛时,每名运动员有两次跳跃机会,待前一名运动员完成比赛动作,裁判员发号施令后,下一名运动员方可开始比赛。

## (四)动作要求

比赛动作的技术难度不得超过当日正式练习中动作的技术难度,也就是说,在比赛当天的正式练习中,运动员必须完成将要在比赛中使用的最难动作。

# 第二节 裁判

裁判是比赛顺利进行的基本保障,是比赛公平、公正的基础。了解裁判工作的相关知识,有助于观众更加深入地欣赏比赛,也有助于运动员充分发挥自己的技术水平,取得好成绩。

## 一、裁判员

裁判员必须严格遵守《裁判员守则》。在执行工作中,如发生意见分歧,职责不清,除允许保留意见外,必须按照裁判职责分工,逐级服从上级的决定。

## 二、评判

比赛时每名运动员跳两次,裁判员根据运动员完成动作的质量评出空中动作分和着陆动作分,两者相加再乘以动作难度系数,即为一次动作的得分。将两次动作得分相加,得分多者名次列前。

## 三、犯规

运动员违反下列规定按犯规处理,取消其比赛资格:
(1)不符合运动员资格者;
(2)不符合年龄规定者;
(3)以不正当手段参加比赛者;
(4)点名3次不到者;
(5)不遵守安全规定,未戴头盔者;
(6)不佩戴大会号码布者;
(7)严重违反比赛纪律和不服从裁判员裁决者。